中国社会科学院创新工程学术出版资助项目

居安思危·世界社会主义小丛书

社会主义在
哈萨克斯坦的兴衰

赵常庆◎著

社会科学文献出版社
SOCIAL SCIENCES ACADEMIC PRESS (CHINA)

"居安思危·世界社会主义小丛书"总序(修订稿)

中国社会科学院原副院长

世界社会主义研究中心主任、研究员

李慎明

"居安思危·世界社会主义小丛书"既是中国社会科学院世界社会主义研究中心奉献给广大读者的一套普及科学社会主义常识的理论读物,又是我们集中院内外相关专家学者长期研究、精心写作的严肃的理论著作。

为适应快节奏的现代生活,每册书的字数一般限定在4万字左右。这有助于读者在工作之余或旅行途中一次看完。从 2012 年 7 月开始的三五年内,这套小丛书争取能推出 100 册左右。

这是一套"小"丛书,但涉及的却是重大的理论、重大的题材和重大的问题。主要介绍科学社会主义基本理论及重要观点的创新,国际共产主义运动中重大历史事件和重要领袖人物(其中包括反面角色),各主要国家共产党当今理论实践及发展趋势等,兼以回答人们心头常常涌现的相关疑难问题。并以反映国外当今社会主义理论与实践为主,兼及我国的革命、建设和改革开放事业。

从一定意义上讲,理论普及读物更难撰写。围绕科学社会主义特别是世界社会主义一系列重大理论和现实问题,在极有限的篇幅内把立论、论据和论证过程等用通俗、清新、生动的语言把事物本质与规律讲清楚,做到吸引人、说服人,实非易事。这对专业的理论工作者无疑是挑战。我们愿意为此作出努力。

以美国为首的西方世界的国际金融危机,本质上是经济、制度和价值观的危机,是推迟多年推迟多次不得不爆发的危机,这场危机远未见底且在深化,绝不是三五年就能轻易走出去的。凭栏静听潇潇雨，世界人民有所思。这场危机推动着世界各国、各界特别是发达国家和广大发展中国家的普通民众开始进一步深入思考。可以说，又一轮人类思想大解放的春风已经起于青蘋之末。然而，春天到来往往还会有"倒春寒"；在特定的条件下，人类社会也有可能还会遇到新的更大的灾难，世界社会主义还有可能步入新的更大的低谷。但我们坚信，大江日夜逝，毕竟东流去，世界社会主义在本世纪中叶前后，极有可能又是一个无比灿烂的春天。我们这套小丛书，愿做这一春天的报春鸟。党的十八大后，在以习近平同志为总书记的党中央正确而又坚强的领导下，我们更加充满了信心。

现在，各出版发行企业都在市场经济中弄潮，出版社不赚钱决不能生存。但我希望我们这套小丛书每册定价不要太高，比如说每本 10 元是否可行？相关方面在获取应得的适当利润后，让普通民众买得起、读得起才好。买的人多了，薄利多销，利润也就多了。这是常识，但有时常识也需要常唠叨。

敬希各界对这套丛书进行批评指导，同时也真诚期待有关专家学者和从事实际工作的各级领导及各方面的人士为我们积极撰稿、投稿。我们选取稿件的标准，就是符合本丛书要求的题材、质量、风格及字数。

2013 年 3 月 18 日

目录 | CONTENTS

卷首语

哈萨克斯坦是中国的西部邻国,面积达 272.2 万平方公里,2016 年人口达 1771 万,是中亚地区的大国之一。该国曾是苏联的一个加盟共和国,1991 年底苏联解体,该国成为独立主权国家。随着苏联的解体,社会主义作为国家制度在哈萨克斯坦已经不存在,但社会主义思想仍有一定的影响。哈萨克斯坦作为原苏联的一部分,社会主义在这里的变化对从苏联版图上独立的 15 个新国家来说,具有典型意义。它告诉人们,社会主义在一个国家的实践不会一帆风顺,其兴衰有其内在原因,有很多问题值得深思,其经验教训需要总结。

一 苏联社会主义对哈萨克斯坦的意义

哈萨克斯坦在苏联近 70 年，社会主义制度给该国既带来了很多好处，又带来了不少伤害。哈萨克斯坦不少人因为从这种制度获益而对苏联念念不忘，但也有人因为受到苏联错误政策的伤害而对其心存怨恨。苏联已经解体了，哈萨克斯坦独立已 25 年，但迄今哈萨克斯坦国内对苏联社会主义曾给本国带来何种影响仍存在观点分歧。目前欲使哈萨克斯坦人能够形成统一的看法还很困难，但哈萨克斯坦人民热爱自己的国家，对本国发展的自豪感仍并没有改变。在这种背景下，他们对苏联时期取得的发展和成就，对抗击德国法西斯的侵略和捍卫祖国所付出的努力和牺牲，仍时刻牢记，并写入了本国的历史。苏联社会主义究竟给哈萨克斯坦带来了哪些好处呢？归纳起来有以下几点。

（一）苏联民族政策使哈萨克斯坦构建了现代国家的雏形

世居在哈萨克斯坦土地上的哈萨克族和其他民族都

是具有悠久历史的民族,特别是哈萨克族在 1465 年建立的"哈萨克汗国"曾繁荣一时。19 世纪 60 年代该汗国被俄国征服,从此哈萨克斯坦成为沙皇俄国的一部分。

1917 年俄国十月革命推翻了沙皇的统治,建立了红色政权。哈萨克工人、农牧民和士兵在俄国社会民主工党的领导下,也积极投入反对资产阶级和封建领主的斗争,在哈萨克斯坦这块土地上建立了苏维埃政权。

作为少数民族地区,哈萨克斯坦是列宁民族政策的受益者。众所周知,列宁主张以三点原则解决沙俄遗留的民族问题,即把坚持民族平等作为处理民族关系的基本原则;赋予各民族以民族自决权;建立联邦制国家,以使行将分裂的沙俄能作为统一的国家存在。列宁之所以将解决民族平等问题置于最重要的位置,是因为在沙俄历史上民族关系极为不平等,沙俄政府推行大俄罗斯沙文主义政策,视少数民族为"异族人",对其进行残酷的压迫和蹂躏。列宁曾经说过,沙俄政府在民族压迫方面打破了世界纪录。① 列宁视大俄罗斯沙文主义为恶疾。因

---

① 《列宁全集》第 28 卷,人民出版社,1990,第 56 页。

此,在建立无产阶级政权以后,他领导的苏维埃政权以立法形式废除了所有民族特权,实行民族平等政策。列宁还提出,出于历史等原因,苏联还存在民族间"事实上不平等"的问题,因此将消除民族间的"事实上不平等"作为苏维埃政权的重要任务。苏联执行的民族平等政策包括:政治上使少数民族享有建立民族国家和实行民族自治的权利;经济上为少数民族建立赢得平等地位的物质基础;语言文化上使少数民族取得享有法律规定的平等发展的条件。

1922 年 12 月 30 日,根据列宁的主张成立了苏联。这是由俄罗斯联邦、乌克兰、白俄罗斯和外高加索联邦 4 个已经宣布独立的共和国组建的联邦制国家。这种联邦制形式是列宁的创造。为体现列宁主张的平等、自愿、民主原则,在《苏维埃社会主义共和国联盟成立条约》中明文规定,"每个加盟共和国都有自由退出联盟的权利"①,而且没有规定退盟的条件。

根据列宁的思想,1920 年 8 月 26 日,全俄中央执行

---

① 《苏联民族问题文献选编》,社会科学文献出版社,1987,第 79 页。

委员会和人民委员会决定成立吉尔吉斯（1925年改称哈萨克）苏维埃社会主义自治共和国，隶属俄罗斯联邦，首都设在奥伦堡。同年10月4～12日，在奥伦堡召开了哈萨克苏维埃成立代表大会，通过了《吉尔吉斯（哈萨克）劳动人民权利宣言》。哈萨克斯坦以自治共和国的形式存在，隶属俄罗斯联邦。不过，当时的哈萨克斯坦还不是完整的、具有主权的国家，其地位相当于俄罗斯的一个州。1922年12月苏联成立时，哈萨克斯坦并没有像乌克兰、白俄罗斯等一样以平等的身份加入苏联，而是作为俄罗斯联邦的自治共和国成为苏联的一部分。苏联自治共和国的地位要低于加盟共和国。在1922年通过的苏联成立条约中规定加盟共和国享有自由退出苏联的权利，却没有给自治共和国这种权利。1924年，苏联政府决定在中亚地区按民族构成对中亚进行重新划界。1925年，哈萨克斯坦恢复了历史名称，也即哈萨克苏维埃社会主义自治共和国。1936年12月5日，哈萨克自治共和国退出俄罗斯联邦，升格为加盟共和国，即哈萨克苏维埃社会主义共和国，随即加入苏联。

哈萨克斯坦成为苏联的加盟共和国是件大事，对该国来说相当重要。因为根据苏联的宪法,加盟共和国可以拥有自己的宪法,自己的国家管理机构,更为重要的是拥有可以自由退出苏联的权利。虽然在苏联存在的相当长的时间里自由退出苏联只是一种规定,各加盟共和国并没有提出这种要求和实现的可能性,但正是这条规定为20世纪80年代末有的加盟共和国提出退出苏联提供了法律依据。

哈萨克斯坦在1991年独立之前,曾先后于1937年和1978年两次通过了《哈萨克苏维埃社会主义加盟共和国宪法(根本法)》。这两部宪法的立宪原则和宪法框架基本上与《苏联社会主义共和国联盟宪法(根本法)》一致。宪法肯定了国家的社会主义性质,明确哈共是国家唯一的政党和领导力量。宪法规定了国家的组成、各部门的权限,与联盟中央政府的关系等。独立前的哈萨克斯坦,除不具有国防权和外交权以外,已经拥有作为现代国家所具有的基本框架。

苏联共产党是苏联的领导力量。哈萨克斯坦作为苏联的一部分,哈萨克共产党也是苏联共产党的组成部分。哈萨克共产党拥有的权限与俄罗斯联邦各州的共产党权限相似。共产党拥有完整的机构,从共和国中央到地方都有自己的组织,对行政机构拥有监督和管理的权利。

正是由于哈萨克斯坦作为以哈萨克族为主体的加盟共和国的存在,哈萨克族干部逐渐成长起来,在党政各级管理机构中占有较大的比重。当时这一点是被认作社会主义民族观和苏联民族工作的成就加以肯定的。

(二)经济和社会领域得到快速发展

1. 经济

在哈萨克斯坦成为苏联自治共和国前夕,受第一次世界大战和内战的影响,经济本不发达的哈萨克斯坦蒙受了重大打击。1920 年,大工业产值只相当于 1913 年的 1/2,采油量只相当于 1913 年的 1/4,交通运输设施遭到严重破坏。内战结束后,哈萨克斯坦和全苏联一样转入经济恢复时期。哈萨克斯坦的经济恢复工作较全苏联要慢。到 1925 年工业产值只达到 1913 年的 2/3,只有 60%的冶金企业恢复了生产。哈萨克斯坦根据苏共中央的方针,即由封建主义跨越资本主义而直接进入社会主义的思路,对生产资料实行了国有化。1925 年,哈萨克斯坦工业国有化比重达到 64%,在大工业中占到 97.2%,而其他生产部门发展不快。

由于哈萨克斯坦拥有丰富的矿产和能源资源,在计划经济条件下,主要发展采油、采矿、煤炭工业。1926～1940年,一批大型工业企业拔地而起,如著名的希姆肯特铅厂、巴尔喀什铜冶炼厂、阿奇萨多金属联合企业、杰克里多金属联合企业、热兹卡兹干铜联合企业、乌斯季－卡缅诺戈尔斯克铅锌联合企业、卡拉干达煤田、恩巴油田等。这些企业基本上属于生产能源和原材料性质的,它们的建成对苏联经济发展起了重要作用。1939年,希姆肯特铅厂的铅产量占苏联的73.9%。此时,哈萨克斯坦的有色金属产量已占苏联第二位。化学、电力、轻工、食品工业也有较快发展,但远不如重工业发展快,大量日用消费品仍靠其他加盟共和国供应。这种经济结构一直延续数十年不变,直到独立后仍是一个以提供能源和原材料为主的国家。

1926～1940年,哈萨克斯坦的工业发展速度要快于全苏联的平均水平。根据哈萨克斯坦历史学家提供的数字:"1913～1940年,全苏采油数量增长3倍,哈萨克斯坦则增长5.9倍。相应的煤炭为5.7倍,电力为23.7倍,新建铁路为 1.4 倍。"

农业发展却不像工业那样顺利。内战期间,由于局势动荡,特别是受错误政策的影响,哈萨克斯坦发生饥荒,形势十分严峻。在这种情况下,1921 年,俄共(布)放弃了"战时共产主义"体制,改行新经济政策。如同全俄一样,这一政策变化对哈萨克斯坦农业起到起死回生的作用。在一些传统粮食产区,如乌拉尔省、阿克莫拉省、塞米巴拉金斯克省,粮食生产已恢复到 1913 年的水平。1922 年,哈萨克斯坦粮食产量为 4600 万普特(1 普特 = 16.38 千克),1925 年则达到 9200 万普特。畜牧业情况也明显好转。1925 年大牲畜存栏数较 1922 年增长一倍。

第二次世界大战期间,哈萨克斯坦由于远离战区,成为苏联的大后方。当时,苏联西部地区约 220 家企业迁移到哈萨克斯坦,使哈成为苏联军队后勤供应基地之一,从而带动了哈机器制造、轻工业、食品工业的发展。

战后至 20 世纪 60 年代,哈萨克斯坦工农业得到较快发展。在工业方面,埃基巴斯图兹煤田、乌斯季 - 卡缅诺戈尔斯克水电站和一批大型热电站、额尔齐斯化学冶金企业、卡拉干达钢铁联合企业等一批大型企业建成和扩建投产,使哈萨克斯坦工业实力大增。1960年,该共和国工业产值为1940年的7.32倍。1954年苏联政府做出了垦荒的决定,哈萨克斯坦是主要垦荒区。垦荒使哈萨克斯坦耕地面积扩大了76%,谷物产量增加3倍,其谷物产量占到全苏的12.1%,成为苏联东部的粮仓。

1970~1985年,哈萨克斯坦和全苏联一样,经济仍在发展。此间在工业领域又有数百家企业建成投产,农业也在发展。20世纪70年代以后,哈萨克斯坦粮食年产量基本上保持在2000万吨以上。1971~1975年年平均为2166万吨;1976~1980年为2750万吨;1981~1985年为2132万吨。粮食产量成倍增加。这使哈萨克斯坦的经济实力明显增强。哈萨克斯坦学者曾这样描述独立前夕哈萨克斯坦的经济实力:按经济规模,即按国内生产总值(574.72亿美元),1990年,哈萨克斯坦在苏联各加盟共和国中仅次于俄罗斯和乌克兰,排第3位。但同时出现了国民经济发展趋缓的情况。工业产值的年增长速度由"九五"计划期间(1971~1976年)的8.4%降至"十一五"计划期间(1981~1985年)的3.8%。同期,国民收入则由4.4%降至1.4%。"九五"计划完成87.4%,"十五"(1976~1980年)计划完成75%，"十一五"计划完成96.4%。

2. 社会

大型工业企业的建设加速了城市化进程。1922年，哈萨克斯坦城市人口只占8.9%，而到了1991年，即苏联解体时，城市人口已经占到57%。与发达国家相比，它的城市人口比重虽不算高，但已达到中等发达国家的城市化水平。阶级结构也发生了很大的变化。20世纪20年代工人很少。30年代，工业化政策使工人数量迅速增加。1939年，工人占全国人口的34.8%，到1979年增加到68.8%。农民由1939年的47.5%降至1979年的6.5%。职员由1939年的16.4%增加到1979年的25.5%。30年代后期，哈萨克斯坦和全苏联一样消灭了地主和资本家。

苏联时期，哈萨克斯坦的教育、科技、文化、卫生事业变化很大。十月革命前，哈萨克斯坦是文盲充斥的地区，哈萨克人中识字者只占2%。当时这里没有高等学校，也没有像样的科研机构。苏联政府大力发展社会事业的政策也惠及哈萨克斯坦。该国在20世纪50年代基本上普及了七年制教育，60年代普及了八年制教育，80年代初普及了十一年制的中等教育。70 年代初,9～49 岁公民中文盲只占 0.3%,主要是农村的老人。苏联解体前基本上消灭了文盲。教育事业的发展促进了以培养高水平人才为主的高等教育的发展。该国在 1936 年就建立了哈萨克大学。此后又在各州中心陆续建立了各类高等学校。到 90 年代各个州中心和一些大城市都有了高等学校和中等专业学校。学校多了,培养的人才也随之增多。仅 1978 年和 1979 年两年培养人才的数量,就相当于整个 50 年代 10 年培养的人数。教育水平的提高带来全民教育水平的提升。20 世纪 80 年代初期,该国每万人拥有大学生数量达到 176 人,这个数字在大多数发展中国家之上,甚至超过许多发达国家。例如,已超过英、美、德(西德)、意、日等发达资本主义国家的水平。①

---

① 根据《1922～1982 年苏联国民经济统计年鉴(纪念版)》资料,1980/1981 学年,各加盟共和国万名居民拥有的大学生数分别为:哈萨克斯坦 176 人、吉尔吉斯斯坦 155 人、塔吉克斯坦 138 人、乌兹别克斯坦 172 人、土库曼斯坦 125 人、格鲁吉亚 171 人、亚美尼亚 185 人、阿塞拜疆 172 人,而英国则为 165 人(1977/1978 年)、美国 98 人(1978/1979 年)、意大利 122 人(1981/1982 年)、西德 106 人(1979/1980 年)、日本 152 人(1978/1979 年)。

苏联时期,各类学校皆由国家创办和管理,学生享受免费教育。哈萨克斯坦的教育基本按苏联统一的社会政策进行。

苏联的民族政策在哈萨克斯坦民族干部培养方面也有所反映。由于哈萨克斯坦政府注意培养当地民族干部,教育和科研部门哈萨克族的比重明显提高。1950～1990年,高等学校中哈萨克族青年学生的比例由36%上升到54%。至1989年11月15日,在教育界工作的具有高等和中等专业学历的哈萨克族人有16.65万,占教育界工作人员的44%。在科学界工作的哈萨克族人占32%。

科学事业也得到迅速发展。沙俄时期,该国只有几座气象站、农业试验站和一个地理学会,真正意义上的科学事业是在苏联时期形成的。20世纪30年代在哈萨克斯坦建立起一批科研机构。1926年建立了肥料与农业土壤研究所,1932年苏联科学院成立了哈萨克斯坦研究基地,此后陆续建立了哈萨克农耕研究所、畜牧研究所、兽医研究所、农业经济研究所和一系列农业试验站。1938年,哈萨克研究基地改为苏联科学院哈萨克分院。1940

年建立了苏联农业科学院哈萨克分院。在社会科学方面,陆续建立了马克思列宁主义研究所、哈萨克民族文化研究所。1946 年 7 月 1 日以苏联科学院哈萨克分院为基础组建了哈萨克科学院。至 20 世纪 50 年代末,哈萨克科学院已经有 19 个研究所、13 个研究室、2 个博物馆、3 个植物园、8 个科研基地。在哈萨克斯坦工作的科学家已经取得了很多高水平的科研成果。50 年代以后,一些部和主管部门以及高等学校也纷纷建立研究机构,到 60 年代末,哈萨克斯坦已经拥有 200 多个科研机构,2.7 万名工作人员,其中有 420 名博士和 6000 多名副博士。仅科学院就有 25 个研究所、2 个研究室,约 3000 名研究人员,其中哈萨克人占 1/3。哈萨克斯坦逐渐形成门类齐全且具有本国特色的科研机构网。1988 年,哈萨克斯坦共有科研机构 233 个,科研人员 4.14 万人,其中博士 989 人,副博士 1.47 万人。哈萨克科学院拥有核物理、激光、固体物理、半导体物理、航天、仪器制造、高能物理、应用数学、矿业、地理、地质、水利、冶金、选矿、化学、生物和社会科学等各方面人才,开展广泛的基础研究和应用研究。

医疗卫生事业也取得很大进展。沙俄时期,哈萨克斯坦缺医少药。1913年只有医疗机构98个,1800张病床,每万名居民只有3.2张病床。当时共有240名医生,400名中级医务人员,每万名居民平均拥有0.4名医生和0.7名中级医务人员。当然,这个统计并不包括民间医生在内。为数不多的医疗机构也集中在城市。居住在农村和牧区的居民有病得不到及时医治,发病率和死亡率都很高,人均寿命也很短。进入苏联时期以后,该国居民医疗卫生条件得到较大改善。医疗机构和医生人数显著增加。经过几十年的建设,全国基本上形成了城乡医疗网。1990年,全国拥有1788个医疗机构,22.8万张病床,每万名居民拥有病床136张。全国拥有医生6.98万人,中级医务人员20万人。每万名居民拥有医生达41人,中级医务人员124人。此外,还有3268所各类专业门诊部分布于全国各地。苏联时期执行的是免费医疗制度,绝大多数人生病可以得到及时的医治。

形成社会福利和社会保障制度。在苏联,哈萨克斯坦执行的是联盟统一的社会保障制度。苏联社会保障制度的特点为低水平、全覆盖、国家化。当时在社会保障方面虽然已存在不公平的现象,但低水平的社会保障还是基本上有保证的,这一点在目前生活在哈萨克斯坦的中老年人中仍有较深刻的印象。

(三)社会主义已经为人们所接受

与苏联生活在一起的近 70 年,列宁主义、国际主义、爱国主义在该共和国得到广泛传播。当时哈萨克斯坦像全苏联一样,大力对全民进行上述各种与社会主义关系密切的思想教育,特别是在学校、媒体广泛宣传这些思想,起到一定的效果。哈萨克斯坦广大民众热爱苏联和自己的共和国,能为建设和捍卫自己的社会主义国家付出汗水甚至生命。例如,第二次世界大战期间,哈萨克斯坦人民积极参加抗击德国法西斯战争。当时哈萨克加盟共和国共有人口 620 万,而直接参战的有 119.6 万人,被动员参加军事工业劳动的还有 67 万人。在战争中死、伤、被俘、失踪的哈萨克人达 41 万人,约占上前线者的 1/3。约 80 万人受奖,497 人荣获苏联英雄称号。哈萨克斯坦人民对卫国战争的胜利做出了巨大的牺牲和贡献。

(四)苏联社会主义模式的缺陷也给哈萨克斯坦民众留下痛苦的回忆

虽然社会主义给哈萨克斯坦国家带来进步,给人民带来很多福祉,但是苏联推行的社会主义也存在很多问题,影响到民众对社会主义的看法和信心。迄今经常为人们所诟病的话题和问题有,农业全盘集体化政策、肃反扩大化、高度集中的计划经济制度、忽视加盟共和国的存在和利益等。

首先,20世纪30年代苏联强行推进的全盘集体化政策对哈萨克斯坦造成巨大的伤害。当时苏联政府不顾哈萨克斯坦作为农牧业地区的具体情况和已经面临自然灾害的实际,强行推行全盘集体化,造成严重的后果。1928～1932年,哈萨克苏维埃社会主义共和国畜牧业遭受严重损失。此间,牛从650万头锐减至96.5万头;羊从1860万只减至130万只;马从350万匹减至30万匹;骆驼从100万峰减至6万峰。在这次大饥荒中有170多万人死亡;100万人迁居国外,其中60万人没有返回哈萨克斯坦。这一段历史给哈萨克斯坦人民留下了痛苦的记忆。

其次,肃反扩大化使很多哈萨克斯坦干部含冤死去。苏联历史学家罗·亚·麦德维杰夫在其所著的《让历史来审判》一书中描述了这段历史:哈萨克斯坦的镇压活动也具有极大的普遍性,涉及的范围也十分广泛。1937年,哈萨克斯坦共产党(布)中央委员会常务局的全体成员(共和国党的第一次代表大会选出的)无一例外地都被捕和被枪决了。牺牲的人有:哈萨克斯坦中央书记 Л. И. 米尔佐扬和 C. 努尔皮伊索夫,哈萨克斯坦共和国中央执行委员会主席 У. 库鲁姆别托夫,共和国人民委员会议主席 У. Д. 伊萨耶夫,哈萨克斯坦中央常务局成员、著名科学家和理论家 И. Ю. 卡布洛夫。同时被捕的还有:哈萨克斯坦中央多数委员,州党委书记和州执委会主席,几乎所有的市委书记和区委书记。在牺牲的人中有许多老革命家,他们都是哈萨克斯坦苏维埃政权的创建者。他们是:У. К. 姜多索夫、C. 谢基兹巴耶夫、Ю. 巴巴耶夫、A. 罗兹巴基耶夫、A. M. 阿瑟尔别科夫等。后来这些共产党员全部都得到平反。

最后,高度集中的计划经济和"劳动分工"制度使共和国缺乏经济自主和积极性,经济结构畸形。苏联时期对国家企业实行三级管理。大型和特大型企业归联盟部管理,中型企业归联盟—共和国部管理,小型企业归共和国部管理。由于位于哈萨克斯坦的企业大多数是大型和特大型企业,也就是说,哈萨克斯坦政府所管辖的只是一些小企业。这些大型和特大型企业的人事管理和生产计划都由莫斯科确定,产品由莫斯科调配,甚至连一个国营农场的场长也要由莫斯科任命,使哈萨克斯坦缺乏经济自主权和积极性。苏联推行的"劳动分工"政策,规定该国主要发展以采掘工业、冶金工业和化学工业为主的重工业;高科技产业和轻工业落后,最终产品生产量少,致使采掘工业与加工工业比例失调、轻重工业比例失调;对外部环境尤其是对俄罗斯的依附性很大。

到 20 世纪 80 年代后期,工业设备得不到更新,已经落后于世界先进水平,除能源和原材料外,其他产品尤其是机器制造产品在国际市场上缺乏竞争力。经济逐渐显露疲态。工业产值的年增长速度由"九五"(1971～1976年)计划期间的8.4%降至"十一五"(1981～1985 年)计划期间的3.8%。同期,国民收入则由4.4%降至1.4%。"九五"计划完成87.4%,"十五"(1976～1980 年)计划完成75%,"十一五"计划完成96.4%。农业方面基本上是广种薄收、靠天吃饭,单位面积产量极低,仅相当于非洲一些国家的水平。

苏联社会主义模式尽管存在很多缺陷和错误,但给哈萨克斯坦带来的变化还是很大的。因此,哈萨克共产党在该国一直处于领导地位,社会主义为绝大多数人所接受。

20世纪70~80年代初是苏联社会主义处于鼎盛的时期,也是社会主义在哈萨克斯坦最为兴旺的时期。1985年戈尔巴乔夫上台后,情况发生了变化。

(五)戈尔巴乔夫"改革"为哈萨克斯坦独立创造了条件

1985年3月,米·谢·戈尔巴乔夫出任苏联共产党中央总书记。戈尔巴乔夫执政后不久,为巩固自己的统治,开始调整中央和加盟共和国的领导班子,将所谓"改革不力"的人换掉。在哈萨克斯坦,1986年10月16日,根据苏共中央决定,撤销了哈萨克斯坦共和国党中央第一书记、哈萨克人津·库纳耶夫的职务,任命俄罗斯人Г.科尔宾担任这一职务。据后来披露的信息,这次换人很匆忙,并没有与哈共领导层协商。而库纳耶夫在哈萨克斯坦工作了很久,已经成为利益链条的一环,因此,这一决定引起哈萨克斯坦上层人士的不满。10月17~18日,哈萨克斯坦首都阿拉木图爆发了大规模的群众示威游行,反对苏共中央的决定。这种情况在哈萨克斯坦极少发生。苏共中央对这种情况思想准备不足,下令派军队驱赶和镇压,发生了流血事件。这是在苏联当局声称苏联已经"解决"了民族问题的情况下发生的事件,引起苏联和世界的震惊。后来人们称这一事件为"阿拉木图事件"。这个事件起码可以说明两个问题:一是苏共历来对共和国共产党颐指气使,连换哈共中央第一书记这样的大事事先都不与共和国商量;二是在苏共推行所谓"公开化"和"民主化"的形势下,哈萨克斯坦民族主义情绪开始有所表露,敢于公开表达自己的不满。

同在全苏联一样,戈尔巴乔夫推行的经济改革在哈萨克斯坦并没有取得明显成效,遵照苏共中央的决定,哈萨克斯坦开始转向政治改革。戈尔巴乔夫为推行自己的"人道的民主的社会主义"路线开路,大讲所谓"民主化"、"公开性"和"舆论多元化",其矛头直指斯大林和多年实行的社会主义制度,将苏联时期的社会主义说成"兵营式社会主义",对苏联长期执行的民族政策也予以否定。更为严重的是,戈尔巴乔夫放弃了苏共的执政地位,直到1991 年 8 月 24 日宣布苏共解散。

苏共的变化对各加盟共和国产生了重大影响，使各加盟共和国的共产党处于尴尬的地位。长期执政的哈共也面临如何看待本共和国的历史、评价本党在共和国的工作以及如何跟随中央进行所谓的"政治体制改革"的问题。此时，由1989年6月开始担任哈共中央第一书记的纳扎尔巴耶夫领导的哈共，并没有像苏联某些加盟共和国那样猛烈抨击社会主义，但同样面临抉择问题。1990年2月，哈共中央召开第19次中央全会，讨论哈共的地位问题。3月，哈共第20次中央全会做出改革哈共地位的决定。4月，哈共第21次中央全会做出了修改哈萨克斯坦宪法第6、7、9条的决定，即取消哈共领导地位的条文。这意味着，哈共一方面面临共和国内在政治多元化的背景下涌现出的大小反对派的挑战，另一方面党内也压力重重、观点纷纭，存在分裂的危险。在以戈尔巴乔夫为首的苏联领导人将苏联社会主义说得一无是处的情况下，哈共也不再提国家的社会主义发展方向，实际上已经在考虑共和国的独立问题。哈萨克斯坦绝大多数民众对苏联的存在并不表示反对。在1991年3月进行的一次"是否愿意留在苏联"的民意调查中，有90%以上的被问卷人投了赞成票。当然,这并不意味着这些被问卷人赞成苏联的社会主义,但同意苏联作为统一国家的存在就是表示愿意留在苏联,就是对苏联的肯定。

20世纪80年代后期,哈萨克斯坦也像苏联一样在进行国家体制的改革。在戈尔巴乔夫担任苏联总统不久,1990年4月24日,哈共中央第一书记纳扎尔巴耶夫当选共和国总统。在他的领导下,1990年10月25日哈萨克斯坦最高苏维埃通过"国家主权宣言",声称"哈萨克苏维埃社会主义加盟共和国在本共和国内拥有至高无上的、独立的和全部的权力"。哈萨克斯坦学者认为,"哈萨克斯坦作为独立国家存在的计算时间"应从通过该宣言时算起。独立后,哈萨克斯坦将这一天定为国庆日。1991年12月10日,哈萨克斯坦将国名由哈萨克苏维埃社会主义共和国改为哈萨克斯坦共和国,去掉了苏维埃和社会主义的表述。1991年12月16日,哈萨克斯坦最高苏维埃宣布国家独立。同年12月21日,以创始国身份加入"独联体"。1991年12月26日,随着苏联解体,哈萨克斯坦成为独立主权国家。

苏联存在多年,身在其中的哈萨克斯坦并没有谋求退出苏联和独立,但在戈尔巴乔夫的"改革"引起苏联剧变的情况下,哈萨克斯坦领导人不失时机地领导共和国走向了独立的道路。

这里还要指出一个细节。戈尔巴乔夫在 1991 年 8 月 24 日宣布辞去苏共中央总书记之后,对共和国的共产党怎么办并没有考虑,只让各共和国共产党自行决定。正是在这种情况下,各加盟共和国的共产党有的宣布解散,有的更名,有的发生分裂。哈共并没有解散,而是更名为哈萨克社会党,但不同意哈共更名和坚持原共产党主张的部分党员则分裂出来,仍称自己是哈萨克斯坦共产党员。

二 独立初期围绕政权和发展道路的斗争

(一)独立初期哈共产党人曾在政权机构中拥有一定力量

1991 年底哈萨克斯坦独立。独立前,1991 年 9 月 7 日,哈共召开第 19 次代表大会,宣布党改名,新党称作哈萨克斯坦社会党,并声称它是哈共的继承者,纳扎尔巴耶夫退出哈共后没有参加该党。与此同时,另新组建的哈萨克斯坦共产党同样声称自己是原哈共继承者。这本是两个同根同源的政党,不过由于哈萨克斯坦社会党与当局关系很好,很快获准登记,而哈萨克斯坦共产党由于不符合当局的理念,成立后一直处境艰难,合法地位也时存时无。

新组建的哈共公开声明自己是劳动人民的党、工人阶级的党,在马克思列宁主义意识形态基础上开展活动,近期目标是使国家重新回到社会主义道路,最终目标是达到共产主义。由于该党的主张被当局认为有与宪法不符的内容,因此长期不被允许在司法部注册,不被认为是合法政党。直到1994年2月28日，该党才获准登记，成为哈合法政党，后在政党重新登记时又有一段时间不被允许登记。

哈萨克斯坦独立初期，1994年以前，苏联时期选举出来的最高苏维埃仍然存在，并继续行使职能。因为这是苏联时期的产物，最高苏维埃中很多代表都是原哈共党员。尽管国家独立了，但这些最高苏维埃代表的理念和思维方式是苏联时期形成的，因此，对哈萨克斯坦独立后推行经济自由化和政治民主化的改革方针并不完全认同。1993年时期的最高苏维埃主席是阿布季尔金，他是原哈共党员，后来又成为新组建的哈共的领导人。

哈萨克斯坦独立最初几年，国内始终存在最高苏维埃和总统的权力争斗，也就是作为共产党人的阿布季尔金和总统纳扎尔巴耶夫谁对国家大政方针说了算的问题。最高苏维埃坚持苏联时期执行的"一切权力归苏维埃"的信条，认为国家的主要权力应该由最高苏维埃掌管。而作为总统并一心想抛弃苏联时期做法的纳扎尔巴耶夫不甘示弱，这样就出现了两种势力博弈的局面。而当时国家刚刚独立，国家经济很困难，国内政治局势也不稳定，两种势力的斗争加剧了国内的紧张。应该看到，当时出现的这种斗争,既是权力之争,也是国家发展道路之争。当时国内存在三种发展方向选择:一是回到苏联时期的制度;二是推行部落式管理;三是采用西方民主制度。在最高苏维埃和地方各级苏维埃中,三种主张都存在,但相比之下,持第一种主张的人数比较多。正因为如此,在哈萨克斯坦制定独立后第一部宪法和其他法律的过程中都产生了激烈的争论,有时,涉及改革的法律由于各方意见相左,几个月都不能通过。纳扎尔巴耶夫总统在2005年出版的《哈萨克斯坦之路》一书中就披露当时不同势力斗争的情况。他写道:"议员们由于惯性继续坚持以前的思想观点和刻板的工作方式,阻止我们所有改造国家和社会的行动。结果,过时的经济结构被保存下来,而所有建立新型社会关系的倡议则被搁置一边。"①当时的最高苏维埃主席正是阿布季尔金。纳扎尔巴耶夫说,阿布季尔金认为应该由自己"牵头解决所有的问题",对此,纳扎尔巴耶夫认为,"依旧是'苏联时期的'最高苏

① 〔哈〕纳扎尔巴耶夫:《哈萨克斯坦之路》(中译本),民族出版社,2007,第43页。

维埃力图保留其至高无上的权力"[1],妨碍总统和政府进行改革。而1993年哈萨克斯坦通过的第一部宪法则保留了最高苏维埃作为立法机构。纳扎尔巴耶夫说,1993年宪法"是社会上两种势力妥协的产物。一种势力是反对进行社会经济改革的人,另一种是认为哈萨克苏维埃社会主义共和国必须要向民主文明国家转型的人"。当时,哈萨克斯坦共产党是第一种势力,即力图维护苏联式社会主义的突出代表,而纳扎尔巴耶夫则是第二种势力,即主张向西方模式过渡的代表。由此可见,独立初期围绕国家向何处去哈萨克斯坦的斗争很激烈,当时有相当一部分人,包括一些官员、学者和普通民众,仍眷恋苏联社会主义,对国家放弃社会主义道路迷惑或不解。这就导致在制定独立后第二部宪法(1995年宪法)时,纳扎尔巴耶夫没有再请一些哈萨克斯坦资深的法律专家参与,而是任用一些年轻人和外国专家,即西方国家专家参与宪法起草工作。

然而,独立初期哈萨克斯坦陷入了严重的经济危机,

---

① 〔哈〕纳扎尔巴耶夫:《哈萨克斯坦之路》(中译本),民族出版社,2007,第44页。

人民生活水平急剧下降，如果继续执行苏联后期的经济政策，特别是因苏联解体造成的原有的经济联系的中断，国家经济已经没有出路。必须寻找新的经济模式代替原有的模式，以使国家摆脱困境和走向发展之路。哈萨克斯坦共产党没有认识到这一点，继续信守苏联关于社会主义的看法，将苏联的社会主义模式作为自己的工作目标，其结果是失去了很多支持者。而以纳扎尔巴耶夫为首的改革派则根据本国的实际情况提出改革纲领和若干改革措施，在争取民众支持方面占据了上风。

1993年底，根据1993年宪法选出的最高苏维埃因选举违宪被解散，哈萨克斯坦共产党逐渐丧失独立初期仍具有的影响力。如果说独立初期哈萨克共产党与当局的关系还存在某种配合的关系，那么，在1995年以后该党就成了反对党。此后，共产党仍坚持自己的主张，国内支持者队伍虽然在减少，但还拥有一定的力量。例如，1999年哈萨克斯坦总统选举时，除时任总统纳扎尔巴耶夫参选外，还有3位候选人，其中就包括共产党领导人阿布季尔金。选举前，媒体并不看好他，把他排在原海关委员会主席卡瑟莫夫之后。但选举结果表明，纳扎尔巴耶夫获得81%的选票,而阿布季尔金竟获得17.4%的选票,位居第二。这说明共产党在哈民众中仍享有一定的地位,更确切地说是苏联时期的社会主义的影响仍在,因为哈萨克斯坦共产党仍基本坚持苏联时期的主张。1999年哈萨克斯坦的议会选举也说明了这一点。这次选举有9个政党参加,多数是亲总统的政党。按新选举法规定,获7%以上选票的政党方可进入议会。选举结果是,亲总统的祖国党获30.59%的选票,公民党获11.23%选票,农业党获12.03%的选票,作为反对党的共产党获17.75%的选票。共产党成为进入议会的四个政党之一。这说明,该党仍有一定的群众基础。在当局的打压和缺乏财政支持的情况下,该党成为仅次于祖国党的获选票最多的政党。2012年马日利斯(议会下院)选举,从哈萨克共产党分裂出来的共产主义人民党获得7.2%选票,进入马日利斯,为进入议会的三个政党之一。2016年哈议会选举,哈共产主义人民党获得7.12%的选票,继续成为进入议会的三个政党之一。哈共之所以能在逆境中不断发展,是由于:第一,它的纲领仍声称建设社会主义,哈仍有部分民众对苏联的社会主义有好感,特别是对苏联时期的社会福利政策念念不忘,不少在新制度下处于弱势的群体希望能实现共产党的主张以改变自己的处境。第二,共产党有较严密的组织形式。哈共的组织形式与原哈共相同,由中央机构和地方机构组成,有一定的动员能力。第三,1999 年总统选举时阿布季尔金的从政经历和个人魅力也使他得分增加。

(二)哈共产党的主张脱离实际,逐渐丧失民心

苏联时期,无论是大型生产企业,还是小型日常服务业和饮食业,基本都是国有制,由此造成人浮于事,效率不高,而且由于一切业务都是按计划进行,缺乏竞争,经常出现商品短缺状态。在戈尔巴乔夫执政后期,国内经济出现混乱,短缺情况更加严重。哈萨克斯坦作为苏联的加盟共和国在经济管理上也不能摆脱苏联长期实行的僵化管理方式,经济状况与苏联其他地区并无二致,在某种程度上更为糟糕。独立初期,该国需要的日用品因资金短缺和运输困难已经远远不能满足人们的需要,这种状况引起民众的强烈不满,他们希望国家能尽快改变这种状况。纳扎尔巴耶夫总统针对经济存在的问题,提出将国有经济私有化的对策,招致哈共的反对。

哈共没有充分考虑国家的现实,反对实行市场经济,反对私有化政策,反对价格自由化等;哈共没有认识到,国家经济的困难也与多年执行的僵化的经济政策有关,更没有指出摆脱困境的出路,而只是利用民众生活的困难,尤其是弱势群体难以适应国内现实变化,不顾当时哈萨克斯坦国内财政状况已经严重恶化、不能支持庞大的福利开支的实际,要求继续执行苏联时期的社会政策,以获得部分生活困难人的支持,特别是部分失业工人和农工综合体职工的支持。

然而,国内大部分人已经对苏联时期的经济管理方式感到失望,对市场商品的匮乏感到不满,希望能尽快扭转面临崩溃的经济。当时刚刚出现的私有制企业的火热状况,开始还是些小商亭和饮食业,使很多的人认为这是摆脱危机的一种出路。越来越多的哈萨克斯坦人,特别是年轻人,对西方的商品质量和丰富有所了解,也知道那里的绝大多数企业尤其是商业和服务业基本上都是私人经营,因此,对私有化政策表示赞同和支持。

哈共政策的支持者以中老年人居多数,但哈萨克斯坦是个年轻人较多的国家,也是在独联体国家中对外开放程度较高的国家,传统的苏联式的社会主义已经显露出很多弊病,尤其是在经济方面,这就造成坚持苏联理念的哈共虽然能够得到部分人的支持,但欲得到绝大多数人的支持是很困难的。

(三)哈共产党几经分裂,其战斗力和影响力在不断内耗中逐渐式微

社会主义在哈萨克斯坦的影响式微与哈共的影响式微有直接的关系,而哈共的影响式微则与苏联解体和苏共的变化有关。在戈尔巴乔夫执政时期,由于苏共的指导思想和苏联民族政策的变化导致各加盟共和国政治经济形势复杂化,民族主义思潮泛起,多党制的实施不仅使各加盟共和国政党林立,也将多元化的思想带入共产党内,致使党内出现众多派别,经常由于看法分歧和争夺领导权而发生分裂。这种情况在哈萨克斯坦独立前后一直存在,共产党已经不是一支意志统一、坚强有力的政党。如上所述,哈萨克斯坦独立前夕,哈共已经出现分裂,形成两个政党,即哈萨克斯坦社会党和哈萨克斯坦共产党,两党均声称自己是原哈共的继承者。独立后分裂思潮继续存在并不时转化为分裂行动。

哈萨克斯坦社会党是原哈共分裂的产物。该党已经不再信仰马列主义,放弃了建设科学社会主义的理想和信念,将社会民主主义作为党的指导思想。该党在1991年10月获准在司法部登记,成为合法政党。当时该党拥有约5万党员、1500个基层组织,在半数以上州有很大的影响力,特别是在南哈萨克斯坦州、西哈萨克斯坦州、江布尔州和克孜勒奥尔达州。在哈萨克斯坦当时众多政党中,由于它源于原哈共,依靠原有的社会基础成为当时影响较大的政党之一。

1995年以前,社会党由于其党员数量较多,且很多人位于各级领导岗位,在哈政治生活中有一定地位。该党在哈第12届最高苏维埃中拥有40多名代表。该党领导人曾任议会一些常设委员会主席,包括议会监察院主席。1992~1993年该党与当局关系尚可,对当局的批评较温和,时而还提出一些建设性意见。从1993年底开始,该党由于党内持传统观点的成员较多,对政府推行的一些改革政策不满意,对政府的批评逐渐变得尖锐起来。但这时的社会党在国民中仍有相当的影响力,哈很多分析家认为,它是"国家社会政治组织中的现实和强大的力量"，许多人"把对未来的某种希望与该党联系起来"。

然而，对该党的乐观估计并没有成为现实。1995年春季该党领导班子在是否赞成解散议会的问题上已经出现分裂的端倪。该党领导人之一T.阿尔达姆扎罗夫谴责当局做出解散议会的决定，另一位领导人П.斯沃伊克却号召尊重当局的决定，他认为，这个决定得到宪法法院的支持。由于领导层意见不统一，该党放弃了参加1995年议会的选举，一些人只以个人身份参加。结果，该党在1995年组成的议会中只占几席，从而失去了在议会中发挥政治影响力的条件。社会党从此开始走下坡路。1996年初社会党召开第21次代表大会，通过了《在哈萨克斯坦当前政治和经济形势下社会党行动纲领》等文件，在猛烈抨击当局的同时，宣布社会党为"建设性反对派"。该党成员在等待党为贯彻党的决议而采取行动。然而，决议有了，却不见行动。此时，该党领导人任全党放任自流，领导人不顾党的利益，各自寻找政治出路。该党三主席之一的П.斯沃伊克参加了反当局的组织"公民运动"，并出任领导人。党的另一位领导人T.阿尔达姆扎罗夫加入了哈萨克斯坦人民党。社会党的另一位领导人

E. 叶尔迪斯巴耶夫则进入总统班子。领导人的分歧和各行其是、对党的事业毫不关心，导致党在民众中的影响逐渐式微，从 1997 年起该党停止了活动，在哈萨克斯坦政坛消失。

哈萨克斯坦社会党声称要与苏共"划清界限"，但又没有根据哈萨克斯坦已经变化了的情况提出自己的主张，对一些重大问题的看法与原哈共，或者说与苏共的看法没有太大区别。该党想成为西方式的"社会民主党"，但由于哈萨克斯坦不是西方国家，缺乏建立民主社会主义的社会基础，最终走向失败。

同样是在原哈共基础上建立的新哈萨克斯坦共产党，与哈萨克斯坦社会党有明显的不同。该党宣称自己是劳动人民的党，工人阶级是该党的基础，以共产主义思想和进步的社会思想作为自己活动的指导思想，将建立在科学社会主义基础上的自由公正社会作为奋斗目标，近期任务是使哈萨克斯坦回到社会主义的发展轨道。这个政党主张走社会主义道路，提出的主张与原苏共相似。这就意味着，该党的主张与当局的政策存在明显的不同，甚至与当局的主张发生碰撞。在苏联刚刚解体，苏共已经解散和被批判得体无完肤的情况下，这是令当局不能接受的，导致该党成立后长达两年多时间不被准许注册，处于非法状态。1994年4月28日，该党才被允许注册，成为合法政党。不过，此后该党也遭遇几次不许重新注册的命运，但几经周折还是存续下来。

哈萨克斯坦共产党也没有摆脱分裂的阴霾，由于内部意见分歧不能妥善化解，该党也几经分裂。

2001年1月，该党党内出现不满党的纲领和活动的人，他们组建了"马列主义纲领派"，宣布与执行"偏离马列主义"的党的领导决裂。哈共则对这批人实行高压政策，或开除，或予以处分。

2004年，以党副主席科萨列夫为首的一批党员对党主席阿布季尔金不满，怀疑他与党外资产阶级勾结，宣布退党并另组建新党——哈萨克斯坦共产主义人民党。这次哈共分裂的后果相当严重，从此哈共已经不具备影响国内政局的实力，只能充当当局的反对党。哈共与民主党联合组团参加了2004年议会选举，得票仅为3%，没有达到进入议会所需要的标准，成为议会外的反对党，它提出的主张已经不为国内多数民众所关注，所追求的目标在很长时期难以实现。

哈萨克斯坦共产主义人民党在成立当初,由于党员人数不够法定政党登记人数标准,没有获准登记。该党后来有所发展,党员人数达到 9 万。该党宣称马列主义为自己的意识形态,共产主义是党的奋斗目标。2012 年在议会选举中获得 7.19% 的选票,成为进入马日利斯(议会下院)的三个政党之一,拥有马日利斯议员人数为 7 人。2016 年马日利斯选举,该党获得 7.12% 的选票,获得两个席位。尽管在马日利斯占有的席位很少,但可以在议会中发声,阐述该党的观点,使民众了解该党的主张。

(四)纳扎尔巴耶夫缘何能长期执政

纳扎尔巴耶夫总统是在哈萨克斯坦执政多年的领导人,1940 年 7 月 6 日出生在阿拉木图州卡斯凯林区切莫尔岗村一个农民家庭,哈萨克族。他从卡拉干达冶金联合企业高等技术学校毕业后,先后做过炼钢工人,共青团铁米尔套团委书记和哈共铁米尔套市委书记、哈共卡拉干达州委书记、第二书记、哈共中央书记,1984 年 3 月至 1989 年 7 月任哈萨克共和国部长会议主席,1989 年 7 月至1991年9月任哈共中央第一书记,同时兼任苏共中央政治局委员,1990年2～4月任哈萨克共和国最高苏维埃主席。1990年4月24日当选哈萨克共和国第一任总统,1991年12月1日起通过全民选举再次当选共和国总统。1995年至今通过选举或全民公决方式一直任总统。他是经济学博士、国际工程科学院院士、哈萨克斯坦国家科学院院士。

纳扎尔巴耶夫从一个普通工人成长为哈萨克斯坦党政要员,说明他具有很强的工作能力和个人魅力,也表明在苏联时期他能得到莫斯科的信任,这是他对苏联意识形态和国家体制的认可,从某种意义上讲他也是一位符合苏共标准的共产党员。正是由于他长期在领导岗位上工作,对苏联社会主义体制的弊端有很深的了解,所以在戈尔巴乔夫提出改革苏联的新思维后能得到他的响应。不过,纳扎尔巴耶夫作为哈萨克族领导人对待苏联政治体制和经济体制的态度很复杂。他作为哈共中央第一书记和苏共中央政治局委员,在戈尔巴乔夫执政时期基本上是紧跟苏共中央的,对戈尔巴乔夫的改革虽然有时也有异议,但并没有持明显的反对立场。即使是在1990年前后苏联已经处于极度混乱的情况下,他也不像某些加盟共和国领导人那样公开谋求退出苏联,而是主张保留苏联,这从1991年初在苏联所做的一次关于是否保留苏联的民意调查中,哈萨克斯坦有90%以上的人持肯定的态度就可以表现出来,这种民意与哈共的立场不无关系。然而,纳扎尔巴耶夫是个务实的政治家,对共产主义信念和苏联社会主义实践并不是持始终如一的立场。在1991年"8·19事件"失败和戈尔巴乔夫于8月24日宣布退出苏共并解散苏共后,纳扎尔巴耶夫也随之退出哈共并建议哈共解散,并不失时机地领导国家走向独立。这意味着,此时他已经不再信仰社会主义和共产主义了。他选择了西方发展模式,即政治上的多党制和三权分立,经济上由计划经济模式转向市场经济模式。独立后,他在多部著作中抨击苏联社会主义的弊端,认为国家必须实行政治民主化和私有制,只有这样才能使国家摆脱困境,走向富强。

在哈萨克斯坦独立初期,国内政治处于极不稳定和经济接近崩溃的状态,他与在原哈共基础上建立的哈萨克斯坦社会党和哈萨克斯坦共产党都拉开了距离,尤其是对哈萨克斯坦共产党持不合作的立场。为稳定国内局势,他依靠的是原哈共党政干部,其中包括社会党的骨干,以及国内一批政治新秀,同时争取各党派对改革持欢迎态度和愿意与他合作的人。对在其他原苏联加盟共和国工作的专家学者,特别是哈萨克族人士,欢迎他们回哈萨克斯坦效力,并委以重任。例如,目前担任哈萨克斯坦参议院议长的托卡耶夫,就是最具代表性的一位。此外,他的人脉关系和个人魅力也起了很大的作用。他长期在党政部门工作,积累了丰富的经验,在任何事情上能较好地把握分寸,不对保守主义妥协,也避免极端主义。例如,在独立初期哈萨克斯坦国内对俄罗斯的态度存在两极分化。有的主张与俄罗斯建立邦联关系,有的因俄罗斯的利己做法导致哈萨克斯坦经济危机而对俄极度愤怒。纳扎尔巴耶夫作为总统,妥善地处理好与俄罗斯的关系,不仅使两国没有发生大的纠纷,也解决了国内哈俄两大民族的关系问题,从而保持了国家的稳定。至今哈俄两国仍保持盟友关系,同为欧亚经济联盟成员,与纳扎尔巴耶夫的领导分不开。

纳扎尔巴耶夫虽然猛烈抨击苏联社会主义制度,但在外交上却不以意识形态画线。独立后,哈萨克斯坦很快与中国建立了大使级外交关系,与中国的关系越来越好,并不因为中国是社会主义国家就疏而远之。纳扎尔巴耶夫在独立后很少谈论"主义",他考虑最多的是国家利益和国家发展,使哈萨克斯坦能尽快摆脱困境,走向富强,成为世界上有体面地位的国家。这种务实主义立场也使他赢得国内多数民众和很多党派的欢迎,使他担任哈萨克斯坦总统至今已达25年之久。

三 执政当局走符合本国国情的发展道路

(一) 坚决维护国家稳定,锐意推进经济改革

独立 25 年来,以纳扎尔巴耶夫为首的执政当局实行对外开放、不断改革和优先发展经济的方针,坚持国内外一切活动都要围绕上述基本方针进行。总的来看,该国基本保持了稳定,经济得到较快发展,人民生活也有所改善,积极参与国际治理并有所贡献。哈萨克斯坦的发展变化和取得的成就得到了国际社会的广泛瞩目和肯定。

该国独立初期国家在各方面都遇到很大的困难。首先是社会不稳定,无政府主义和自由主义思潮泛滥。1993 年笔者访问哈萨克斯坦时,在阿拉木图看到街头政治很盛行,这里有集会,那里有游行。当时,一些政治反对派在广场安营扎寨,要挟政府。经济遇到的困难更多。商店里几乎没有商品可售。1992 年和 1993 年通货膨胀率达到百分之两千以上。造成这种情况的原因很多。苏联解体致使原有的经济联系中断是最大的原因之一。各加盟共和国独立前,苏联推行的"劳动分工"政策,使该国

基本以生产能源和原材料为主,所生产的 70% 的石油、55% 的铁矿石、46% 的黑色金属、86% 的合成橡胶、54% 的主要化工产品都提供给其他加盟共和国或出口国外,而日用消费品主要依靠其他共和国提供。经济联系中断使商品的输出和引进都受到了影响。另外,该国大型企业很多,基本归苏联联盟部也就是莫斯科管理。苏联解体导致这些大型企业失去莫斯科的指令和财政支持,刚刚独立的国家也无力给予支持,结果,很多企业停工,企业员工领不到工资或退休金,农产品供应也相当紧张。大多数国营农场和集体农庄无力更新生产设备,甚至连种子都买不起,困难重重。国家财政收入急剧减少,入不敷出,经济处于危机状态。

如何能使国内形势稳定下来,并尽快摆脱困境,各种政治势力争论激烈。虽然该国在独立前就说要搞市场经济,发展私有经济,但如何搞很多人都说不清。纳扎尔巴耶夫作为执政多年的领导人深知,如果国家继续这样下去,仍因循守旧,按老办法办事,国家可能会从面临崩溃变成真的崩溃。很多政治派别对改变国家困境并不在意。国内大部分人对改革充满疑虑,更有人受传统思想束缚,反对改革。纳扎尔巴耶夫总统力排众议,利用总统权力,果断地做出大胆改革的决定,首先从经济改革开始,其核心内容是由计划经济向社会市场经济过渡,改革所有制关系,对庞大的国有资产实行大规模的私有化,并实行对外开放。从1992年到1997年,该国通过实施几个私有化纲要,除将个人住宅私有化外,还实现了公共饮食业、商业、轻工业、食品工业、加工业、各类服务业、农业的全部私有化,能源和原料生产部门的企业也绝大多数实现了私有化。纳扎尔巴耶夫认为,在当时生产资金极度缺乏、企业无人关心和财产大量丢失的情况下,欲使国家和企业走出困境,私有化是最好的办法。当时仅靠本国资本难以使一些大型和超大型企业私有化。于是,该国大胆引进外国资本,将40多家大型企业交由外国公司管理,或者直接出售给外国公司。例如,1992年该国与美国雪弗龙石油公司合作,建立合资的"田吉兹—雪弗龙"公司,以资源换取资金,使该油田得以开发,为国家赢得大笔收入,也为很多人解决了就业问题。私有化的结果是,至2005年,该国90%的生产能力来自私有经济,该国总统认为,私有化使国家"形成了符合发达市场标准的经济环境"。① 现在看来,哈萨克斯坦采取的这一步大体上是符合国情的。数据表明,该国从独立到 2015 年,GDP 增长了 21 倍,国民收入增长了 19 倍,人均 GDP 由独立前夕的约 1850 美元提高到 2015 年的 1.3 万美元。更重要的是,失业人口大量减少。2015 年该国进入了 GDP 世界 50 强的行列。

该国取得的经济成就与纳扎尔巴耶夫的执政理念和领导能力有很大的关系。他始终能根据本国国情并从实际出发解决与国计民生关系密切的问题,为此,他强调国家必须保持稳定,不能让来自国内外的干扰破坏国家的恢复与发展进程。哈萨克斯坦独立以来国内形势没有出现大的动荡,并不是哈萨克斯坦不存在威胁国家稳定的因素,例如,该国作为拥有 130 多个民族的国家,民族矛盾始终存在,并不时出现民族纠纷的苗头。哈当局深知民族问题对哈萨克斯坦保持国家稳定的重要性,吸取了苏联时期因忽视民族问题引发民族冲突的教训,采取了

---

① 纳扎尔巴耶夫:《哈萨克斯坦之路》(中译本),民族出版社,2007,第 150 页。

一系列稳定民族关系的措施,例如,通过建立各民族大会,赋予各民族参与解决自身问题的权利,保证了民族关系的和谐。又如,哈萨克斯坦在独立前夕已经实行多党制和三权分立的制度。独立后哈当局继续执行并不断完善这些制度。立法机构的变化就反映了这一点。哈当局废除了苏联遗留的苏维埃制度,由议行合一的最高苏维埃改为专事立法的两院,即参议院和马日利斯(议会下院)制度。同时注意两院的代表性。这种变化明显是效仿西方的做法,希望借此体现民主。2006年哈议会选举,由于只有"祖国之光"人民民主党(下简称祖国之光党)的选票超过7%,进入了马日利斯,而其他所有参选的政党因选票不够都没有进入,结果形成了只有一个政党的马日利斯。纳扎尔巴耶夫总统认为这种情况不妥,强调必须有两个或多个政党进入马日利斯。该国随即修改了选举法,规定如果只有一个政党选票超过7%,那么未超过选票7%的政党中得票最多的政党也可以进入马日利斯。在2012年马日利斯选举中,建设性反对派"光明道路"民主党和共产主义人民党分别以7.46%和7.19%的得票率进入,哈萨克斯坦马日利斯因而由三个政党组成。2016年马日利斯选举,上述三个政党仍以超过7%的选票再次进入马日利斯。政治改革在逐渐朝民主化的方向推进,这是该国得以保持国家稳定的重要原因。

(二)改革过程中仍保留苏联时期行之有效的做法

改革进程并不是一帆风顺的,最主要的问题是缺乏物质基础,缺少经验和民众的不理解。纳扎尔巴耶夫作为有长期掌管国家经验的政治家,深知推进这项事情必须有能执行自己想法的团队,因为哈萨克斯坦的改革是通过自上而下推进的。在改革初期,纳扎尔巴耶夫在改革过程中遇到各级苏维埃的不配合甚至阻挠。为解决这个问题,他通过改革国家行政法,使国家各级官员采用自上而下任命的办法,下级官员只对自己的上级负责,排除了苏联时期形成的各级行政事务都要通过苏维埃和党组织讨论决定的做法。进入21世纪,在纳扎尔巴耶夫担任祖国之光党主席之后,将原哈共的一些干部吸收到祖国之光党中央和地方领导岗位上,同时充分利用他担任哈共干部时的经验,例如,在遇到重大问题时,都要召开祖国之光党代表大会进行动员,将哈共动员民众和管理国家事务的方法用于国家的治理,实践证明这套管理方法是行之有效的。

另外,在已经实现舆论多元化的情况下,他特别注意舆论的导向作用。哈当局充分利用掌管的媒体宣传自己的主张,通过制定相关法律,对不利于国家稳定的舆论加以适当控制,尤其是对外国媒体进入哈萨克斯坦严加管理,并严控非政府组织的活动,防止它们介入哈政治事务和宗教活动。在哈萨克斯坦可以看到反对派的报纸,但不允许这些报纸发表极端和有碍国家稳定的言论,公民和组织的一切言论和行动必须遵照国家的法律进行。

(三)外交为国内政策服务,不以意识形态画线

哈萨克斯坦独立后,在积极推行政治经济改革、巩固国家独立的同时,也积极主动地开展外交工作,在国际社会中寻找和确定自己的位置,树立独立主权国家形象。该国从本国具体国情出发,确定自己的外交方针和政策。该国的具体国情是:第一,位于中、俄、伊斯兰世界之间,又是内陆国家,缺少直接出海口;第二,自然资源丰富,但经济结构单一,经济相对落后,需要引进资金和技术,解决本国发展问题;第三,作为多数国民信仰伊斯兰教的国家,在发展对外关系时,不能不重视"伊斯兰因素";第四,

作为军备力量有限的国家,必须考虑如何通过外交努力保护自身安全;第五,作为多民族国家,俄罗斯人占的比例很大,民族因素对哈外交政策有一定的影响;第六,哈在确定外交政策时必须考虑与俄罗斯和其他独联体国家的特殊关系。上述各点直接影响到该国对外政策的制定。

哈萨克斯坦制定外交方针和政策的突出特点是,不以政治制度和经济制度以及意识形态和宗教信仰画线,一切从维护国家和民族的利益出发,为维护国家的独立、主权(包括经济主权)和领土完整,为本国经济的恢复和发展,以及为改革创造良好的外部环境服务,使哈萨克斯坦能在国际社会中体面立足。

以此为出发点,该国确定了实行全方位外交,与各大洲主要国家和有影响的国际组织发展关系,同一切国家保持友好关系。该国奉行均衡外交政策,但不是等距离外交,在外交工作中有明确的优先方面。

第一个优先方面是俄罗斯,该国与俄罗斯的关系是同盟关系。独联体其他国家也是其外交的重点,其中中亚国家是重要方面,白俄罗斯和亚美尼亚同哈萨克斯坦是同为欧亚经济联盟的成员关系。

第二个优先方面是中国。这是因为哈中两国是邻国,而且政治、经济关系十分密切,又同为上海合作组织成员国。

第三个优先方面是西方国家,特别是美国,欧盟国家中的德国、法国、英国等,尤其重视与美国的关系,因为需要美国的资金和技术,认可美国在世界的地位。

第四个优先方面是土耳其等伊斯兰国家。这是由于哈萨克斯坦在语言、宗教等方面与土耳其相近似,在文化方面与土耳其有认同感。

在 1995 年 2 月召开的全国外事工作会议上,纳扎尔巴耶夫总统要求外交工作的重点要转向为本国经济开放和经济改革服务。稍后,1997 年 9 月该国确定把召开"亚洲相互协作与信任措施会议"和将本国经济纳入世界经济体系作为外交工作的重点。该国还将通过外交努力构筑周边安全带作为一项重要任务。该国注意与周边国家建立良好的关系,很好地解决了与周边国家存在的边界问题,与一些周边国家缔结了"永久友好条约",或者形成"全面战略合作伙伴关系"。哈采取的外交努力对维护周边安全、确保国家和平与稳定发挥了重要作用。

事实证明,哈独立后外交工作成绩斐然。迄今它得到了世界主要大国——中国、俄罗斯、美国、法国、英国的承认,与一百多个国家建立了外交关系。1992年3月2日,哈萨克斯坦顺利加入了联合国,以后陆续加入了联合国所属一些国际组织和其他国际与地区组织,并积极参与活动。

哈外交成就与纳扎尔巴耶夫的外交活动分不开。他访问过几十个国家,并多次访问俄罗斯、美国、中国和欧洲各国。通过互访和与有关国家及国际组织签署一系列规范双边关系的文件,奠定了哈萨克斯坦与有关国家和组织发展双方关系的法律基础。

哈根据国内和国际形势变化,隔几年就要发表外交政策构想,宣示本国未来几年的外交政策,用以指导本国外交。2014年1月21日,哈萨克斯坦发布了《2014～2020年对外政策构想》(以下简称《构想》),可以看出该国外交的最新动向。

《构想》将多元、平衡、实用主义,互利和国家利益至上作为制定外交政策的基本原则。

《构想》除致力于确保本国国家安全、主权和领土完整,维护和平、地区和世界安全等任务外,还特别强调,要为落实国家"2050年战略",使国家进入世界发达国家30强服务;保护民族文化传统和特色,探索自己的发展道路;维护公民和法人权益及其在海外的个人、家庭和事业权益,保护海外侨胞和海外哈萨克语的发展。

在《构想》中,该国明确表示:第一,多元、平衡、绝对务实主义外交为本国基本国策,将与所有国家发展友好和可预测的关系,特别是与那些在国际事务中发挥实质性作用和能引起哈萨克斯坦实际兴趣的国家。第二,将建立欧亚经济联盟作为外交的近期目标,但要保证政治主权不受损害。第三,2050年前的对外政策的重点包括:全面加强地区和国家安全;积极开展经济和贸易外交;加强文化人文、科学教育及其他跨领域国际合作;加大对在境外的哈萨克斯坦公民及其个人、家庭和商业利益的保护力度。第四,积极参与国际事务,发出哈萨克斯坦的声音,联合各方努力建立公正安全的世界秩序。特别关注全球安全,为解决阿富汗问题和中东问题作出自己的贡献。第五,哈萨克斯坦将巩固国防能力和军事理论学说,参加各类防御性机制。在加强同各国和各国际组织合作的同时,将与集安条约组织国紧密协作,促进提高集体力量的快速反应能力。

哈在外交上并不是一味讲友好,在遇到有损本国利益的问题时,哈也会表示出强硬的立场。例如,对美国搞的"颜色革命"和 2008 年给世界带来的金融危机也给予揭露和痛斥;对俄罗斯任何有损哈主权的企图和动作也都坚决反对。

(四)拒绝"颜色革命",坚定走自己的路

2003 年在格鲁吉亚,2004 年在乌克兰,2005 年在吉尔吉斯斯坦先后发生了所谓"颜色革命"。这是以美国为首的西方大国针对新独立的独联体国家采取的所谓"民主改造"行动,使那些仍担任国家领导人的原共产党人下台,换上亲西方人士,在政治经济体制等方面符合西方的标准,纳入西方的范畴。当然,这也是西方孤立俄罗斯和压缩俄罗斯生存空间,使其丧失重振大国雄风的一步棋。在苏联解体前,美国就对共产党领导的国家推行"和平演变"政策,苏联解体后,美国认为在原苏联版图上诞生的新独立的国家还不符合美国希望的标准,想通过非暴力的方式将它们改造成实行"美式民主和自由"的国家,从政治体制到意识形态都效仿西方,当然,更为重要的是,

使各国领导人都能按美国的旨意行事。哈萨克斯坦作为独联体国家，自然也是美国搞"颜色革命"的对象。

由于"颜色革命"多发生在一个国家的议会选举或总统选举时，这就使得2005年正值总统选举年的哈萨克斯坦面临重大的压力。这是因为：第一，吉尔吉斯斯坦于同年3月，乌兹别克斯坦于同年5月先后发生了所谓"颜色革命"，吉总统阿卡耶夫被赶下台，流亡国外；第二，国际上风传哈萨克斯坦可能成为下一个发生"颜色革命"的国家。纳扎尔巴耶夫总统是执政多年的前共产党人总统，符合美国策划的"颜色革命"的条件。正是因此，作为中亚地区大国的哈萨克斯坦是否会成为"颜色革命"的下一个目标备受国际社会的关注。不过历史已经证明，当年哈萨克斯坦没有发生"颜色革命"，纳扎尔巴耶夫仍以高票赢得了总统选举，"颜色革命"在独联体国家出现的多米诺效应在哈萨克斯坦遭遇了"终结"。

哈萨克斯坦没有发生"颜色革命"是多种因素决定的。这与纳扎尔巴耶夫不畏惧外来的压力，不向"颜色革命"低头，采取一系列措施应对有很大的关系。

首先，在舆论宣传上，纳扎尔巴耶夫总统一再强调哈萨克斯坦与西方的国情不同,不能接受西方强加给哈萨克斯坦的所谓"民主"。2005 年 6 月 14 日,纳扎尔巴耶夫在讲话中强调,哈萨克斯坦在进行国家政治经济改革时不会完全照搬西方国家的价值观,而是必须要考虑到本国的特点。每一次不符合本国国情的政治变革都会给国家和人民造成重大的损失。针对某些独联体国家进行的政治改革所带来的社会不稳定,他在 2005 年《国情咨文》中提出了"先经济,后政治"的发展战略,即主张在加大经济发展力度的同时"分步走、渐进式"地实现政治改革。纳扎尔巴耶夫强调改革必须从本国具体国情出发的思想是一贯的。2016 年 3 月 20 日,他在参加议会选举投票后举行的记者会上针对美国记者关于哈民主的提问回答说,不必过于纠缠民主议题。每个国家都有自己的发展阶段。世界是丰富多彩的,每一个国家都有自己的国情,国情不一样,就会在很多方面表现出不同。亚洲国家的家庭关系、宗教、价值观、文化及其他一些方面与美国有所不同。所有的国家都应该学会尊重别国的传统和历史文化。① 哈

---

① 哈通社,2016 年 3 月 20 日电。

一些政界人士也猛烈抨击"颜色革命"。时任阿萨尔党主席、现任哈政府副总理的达·纳扎尔巴耶娃，在2005年6月的一次讲话中说："世界出现了民主输出现象，国家面临着'外来强制民主的威胁'，民主输出者没有送来好的新的意识形态价值观，只是把眼睛盯在没有解决的问题和现政权的缺陷及错误上……"[1]她认为，"颜色革命"是西方输出伪民主的手段[2]，指责反对派利用民众的不满情绪，与西方相勾结，为发动"颜色革命"准备土壤。[3]

哈萨克斯坦至今没有发生"颜色革命"，纳扎尔巴耶夫仍然担任哈萨克斯坦总统，这与他的执政能力有很大的关系。哈萨克斯坦独立后取得的巨大成就是抵御"颜色革命"的政治和经济基础。此外，他采取的一系列稳定国内形势的措施也有助于防范"颜色革命"的发生。例如，在总统选举期间，他不顾西方的施压，坚决取缔了一

① Казахстан на пороге «цветной революции», http://www. apn - nn. ru/event_s/2422. html.

② Казахстан на пороге «цветной революции», http://www. apn - nn. ru/event_s/2422. html.

③ Алия Асембаева: «ДАРИГУ – В ПРЕЗИДЕНТЫ?», 2005 年 6 月 22 日, http://www. ca - oasis. info/news/？ c = 1&id = 5839.

些违反宪法的反对党和非政府组织,查封了它们的报纸,对来自国外的观察员严格审查,对不合规定的令其离境。国家还拨专款加强权力部门,以对付破坏选举的人。哈萨克斯坦还修改了《选举法》,规定从竞选拉票工作结束到正式公布选举结果前,禁止举行集会和游行,以"保障选举委员会能够正常工作"。特别需要提到的是,哈当局加强了对得到外国资助的非政府组织的监管。2005年6月,哈金融警察以防止偷税为名,对近5000个非政府组织进行了检查,有30多个美国与其他国际组织在哈境内的活动受到限制。此外,哈还加强了对媒体的控制,禁止外国人成为哈报纸和电视的高层领导。大选前出台的一些法律作为防范"颜色革命"的重要措施,为哈萨克斯坦政府在大选期间加强对反对派和外部势力的监控提供了法律依据。

当然,"颜色革命"没有发生也与该国大多数民众对纳扎尔巴耶夫执政持拥护立场,同时担心"颜色革命"会给国家和社会带来混乱,希望国家保持稳定的心理有关。已经发生"颜色革命"国家的混乱使该国民众不希望本国也出现这种情况。民心向背也是是否抵御"颜色革命"的重要因素。

（五）坚持改革，提出宏伟发展目标

哈萨克斯坦独立后仍将苏联时期惯用的一些做法用于指导国家实践，制定有关国家未来发展的纲领和计划就是其中之一。

哈独立后制定的最重要也是影响最大的纲领有三个。第一个是 1992 年发布的《哈萨克斯坦作为主权国家的形成与发展战略》，第二个是 1997 年发布的《哈萨克斯坦 – 2030》，第三个是 2002 年发布的《哈萨克斯坦 – 2050》。这三个文件是对国家发展的各个阶段的指导性纲领，此外，该国还就某个时期或某个领域的发展提出指导性计划，如《工业创新计划》《光明大道——新经济计划》《百步计划》等。

1992 年发布的第一个纲领《哈萨克斯坦作为主权国家的形成与发展战略》，纳扎尔巴耶夫将其称作"在混乱的年代里探索发展道路的第一次尝试"，也可称之为"第一个全国性的三年计划"。这个纲领的作用在于奠定了哈萨克斯坦作为独立国家生存的基础，确定了改变所有制关系的最初几步，为国家未来向何处去指明了方向。特别是在独立伊始、各种看法纷纭的情况下，通过这个纲领,纳扎尔巴耶夫说出了自己的看法,它具有指引作用。正是以这个纲领为指引,哈萨克斯坦度过了最初几年的艰难岁月,1995 年之后国内情况已经出现明显的好转,为 1997 年该国提出第二个纲领提供了可能。

该国第二个纲领是 1997 年发布的《哈萨克斯坦 – 2030》。它是以总统国情咨文的方式发布的。这个纲领是在哈萨克斯坦经济形势基本稳定的情况下,根据纳扎尔巴耶夫总统的指示制定的,基本内容是规定了国家至 2030 年欲达到的发展目标和采取的主要手段。根据这个纲领,哈萨克斯坦将在 2030 年达到世界发达国家水平。这个纲领是在国际组织和一些外国专家的指导和参与下完成的。国内很多人对这个纲领存在怀疑,政府成员也没有参与,时任政府总理卡热格尔金态度消极,这也是卡热格尔金政府于 1997 年底被解散的原因之一。

《哈萨克斯坦 – 2030》纲领出台后几年,从 2000 年起世界石油价格飙升,为纲领规定目标的落实创造了有利的条件。到 2012 年,该国宣布《哈萨克斯坦 – 2030》纲领提前完成,接着在当年发布了第三个纲领《哈萨克斯坦 – 2050》。

纳扎尔巴耶夫总统在说明为什么要提出第三个纲领时说,"2030战略"的框架已无法满足变化了的形势的需要,必须拓展视野,像15年前一样,再来一次世界观的突破。他说,《哈萨克斯坦－2050》最主要的目标是使哈萨克斯坦到2050年能在强大国家、发达经济和全员劳动潜力的基础上建成小康社会,更为明确的目标是:到2050年跻身世界最发达国家30强。《哈萨克斯坦－2050》战略是《哈萨克斯坦－2030》战略在新阶段的有机延续,表明了哈萨克斯坦目前的状况和到2050年欲达到的目标。

　　上述三个纲领不仅表明了哈萨克斯坦经济欲实现现代化,也指出了政治和社会欲达到的目标。政治方面是要形成"民主的、自由的国家",社会方面要达成"有全面保障的、和谐的社会"。

　　为实现上述纲领,该国还根据国内外形势制订了若干针对不同领域的纲领或短期计划。例如2005年制定的《工业创新计划》,就是要解决经济结构过于单一和技术落后的问题,《国家农工综合体2020年发展计划》是解决农业存在的问题,等等。这些计划对引领部门发展和落实总的纲领具有重要意义。由于存在这些计划,国家在人力、物力方面都会给予更多的支持,从而保证国家能得到较快速的发展。

最近两年由于国际油价急剧下跌,作为重要产油国的哈萨克斯坦国家收入锐减,经济出现很大的困难。GDP从2014起就出现很大的降幅,2015年GDP增长仅为1.2%。这是自2000年以来经济增长最慢的一年,无疑对落实《哈萨克斯坦-2050》战略影响很大。为此,该国在2014年制订了《光明大道——新经济计划》,2015年又制订了《百步计划》,其中心点是加大改革力度和进一步对外开放,以加大基础设施建设和经济结构改造为核心,拉动国家经济发展。这是为应对世界经济低迷对该国经济影响所采取的对策。在实施这两个计划的过程中,哈萨克斯坦特别重视加强与中国的合作,希望《光明大道——新经济计划》能与中国提出的"丝绸之路经济带"战略对接。事实上哈萨克斯坦的想法与中国不谋而合。哈萨克斯坦是中国实施"丝绸之路经济带"战略的重要合作伙伴,两国经济的互补性为双方深化合作提供了有利的条件。2015年中国与哈方签订了几十项经济合作协议,涉及金额达240亿美元。这不仅有利于哈克服经济困难,实现经济结构改造,也有助于中国优质产能的转移,达到互利双赢的结果。纳扎尔巴耶夫的治国方略是成功的,得到了哈萨克斯坦绝大多数民众的认可。这就是他能成为哈政坛的常青树,任总统20多年,在历次总统选举中获胜的原因。

四 社会主义在哈萨克斯坦并未完全泯灭

(一) 以社会主义为奋斗目标的政党依然存在

目前在世界上明确表明以实现社会主义为目标的执政党并不多,中国共产党是其中一个,其他社会主义国家的执政党虽然也说要搞社会主义,但彼此之间对社会主义的认识、理解和具体实践却存在很大的不同。目前在世界上名为共产党的政党很多,不过大多数为在野党,真正能进入本国议会并参与议政的政党并不多。在苏联解体后新独立的国家中,很多国家都存在共产党,有的共产党还进入议会,例如俄罗斯共产党。哈萨克斯坦独立后,该国也存在共产党,且后者长期在该国议会中拥有席位,尽管不多,只有几席,但也能在议会中发出自己的声音。

上面提到,哈萨克斯坦独立前存在共产党,而且共产党在共和国内长期处于执政地位。现总统纳扎尔巴耶夫就担任过原哈共中央第一书记。原哈共于1991年9月更名为哈萨克斯坦社会党,后于1997年停止活动。当时不同意原哈共更名并仍坚持以社会主义为奋斗目标的一部分人组建了新的哈萨克斯坦共产党。该党多数成员为科技界知识分子、公务员、工人和退休者，以中老年人居多。该党主张:恢复苏维埃政权，实行生产资料公有制、计划经济、苏联时期的社会保障制度，变总统制为议会制。在哈萨克斯坦独立初期，该党在最高苏维埃中拥有一定数量的拥护共产党主张的最高苏维埃代表，在地方苏维埃中哈共党员或持哈共主张的代表还要多一些。1993年底最高苏维埃解散以后，共产党的力量和影响就明显减弱了。即使这样，在1999年哈萨克斯坦议会选举中，哈共仍是进入议会的四个政党之一，不过拥有的议席很少，只有2席，表明它在哈萨克斯坦政治生活中的影响已经很小。2014年，哈共分裂，形成了又一个声称信仰共产主义、马列主义，走社会主义道路的政党——哈萨克斯坦共产主义人民党。2014年该党拥有党员9万人。在2012年哈议会选举中，该党获7.19%选票进入议会，是进入议会的三个政党之一，在通过选举产生的98个议席中拥有7个议席。在2016年3月举行的哈议会选举中，该党获得7.14%的现票，是进入议会的三个政党之一，在98个选举产生的议席中占有7席。2016年3月的议会选举登记选民人数为 980 万人,而参加投票的选民为 756 万人。这就是说,大约有 53.97 万人投了共产主义人民党的票。这说明,共产主义人民党拥有一定的民众支持率。这次选举共有 6 个政党参加,有三个持右倾主张的政党获得的选票很少,没有得到民众的认可,被排除在议会大门之外。

(二)执政党不讲"主义",但在工作中仍不同程度地沿袭苏联时期的一些做法

在苏联解体后诞生的一些国家中,迄今还没有一个国家由共产党领导,参政的却存在,例如在白俄罗斯。在中亚的塔吉克斯坦,共产党的力量也很大,特别是在地方基层政权中。不过,大部分国家的共产党或者更名,或者解散,更名后新组建的政党仍以原共产党为基本骨架,很多共产党的干部仍是新政党的领导人。因此,这些政党的活动方式与原共产党差异不大。例如,在原哈共基础上建立的哈萨克斯坦社会党以及后来成为哈萨克斯坦执政党的祖国之光党就是如此。

目前在哈萨克斯坦处于执政地位的是哈萨克斯坦祖国之光党。该党主席是哈萨克斯坦现任总统纳扎尔巴耶夫。该党成立于 2006 年 12 月 22 日,其前身为 1999 年成立的祖国党,后与哈萨克斯坦人民团结联盟等社会组织以及"阿萨尔"党、公民党、农民党等合并,称祖国之光党。该党无特定的发展对象,凡支持纳扎尔巴耶夫总统的人均可以成为党员,可以说是"全民党"。该党主张在社会伙伴关系与和谐等原则基础上建立自由开放的社会,主张加强国家社会职能,主张国家对经济的宏观调控能力,主张执行全方位外交,特别重视发展与俄罗斯、中亚国家和中国的关系。该党全力支持纳扎尔巴耶夫总统的国内外政策。

祖国之光党像原哈共一样有完整的组织结构,包括中央委员会、政治局,在各州也都有分支机构。该党在面临国内外重大事务时都要召开全国代表大会,由纳扎尔巴耶夫进行动员,然后在全国各地落实。这一点很像当年的哈共。该党有很强的宣传和动员能力,其主张为大多数民众所接受。在2007年的议会选举中,该党赢得88.05%的选票,由于其他政党均没有达到进入议会门槛的标准,结果经选举产生的98个议席均被祖国之光党占据,可谓一党独大。修改《选举法》后,在2007年的议会选举中,有三个政党的得票率超过7%,进入了议会。祖国之光党获得80.99%的选票,在98个议席中占据83

席,成为执政党。另外两个政党成为"建设性反对党"。在 2016 年的议会选举中,祖国之光党获得 82.2% 的选票,在 98 个经选举产生的议席中占据 84 席,继续成为哈萨克斯坦的执政党。

值得注意的是,祖国之光党主席纳扎尔巴耶夫在讲话中以及在该党通过的文件中很少提意识形态方面的"主义",更多讲的是国家利益和爱国主义。该党属于走中间道路的政党,受欧洲国家的社会民主党的影响较大,但它对本党的控制能力和活动能力远强于社会民主党,具有哈萨克斯坦的特色。它与俄罗斯的统一俄罗斯党和中国的共产党都保持友好的关系,并有广泛的联系。在祖国之光党每次赢得议会大选之际,中国共产党都会致以贺电。

我们这里介绍祖国之光党无非是想表明,哈萨克斯坦的建国主张虽然不再提社会主义,但其执政党的主张与社会主义国家执政党的主张仍存在某些契合之处。它不因意识形态不同而拒绝与坚持社会主义的国家的执政党交往,在其党的主张和在国家发展纲领中仍坚持"以人为本"的理念,并能从本国实际出发治理国家,因此获得了绝大多数民众的支持。

祖国之光党在政治上是主张多党制的,但强调的是"一党为主"的多党制,认为这是在转型时期治理国家的最佳模式,这一点与西方国家的多党制有所不同。该党在经济方面主张市场经济和生产资料私有化,但同时强调国家对经济的调控作用,在实践中国家通过一系列法规和计划对经济实行管理,并注意国家掌控一些与国计民生有关的大型企业。在度过了独立初期经济最困难阶段之后,哈萨克斯坦利用出售石油积累的资金逐渐将已经出售给外国的企业收归国有。在社会方面逐渐改变所有社会事务都由国家操办的苏联时期的管理模式,改为由国家、社会和个人共同参与。该党的工作方式可以从纳扎尔巴耶夫 2008 年在该党政治局的一次讲话中体现出来。纳扎尔巴耶夫说,祖国之光党应该认真落实竞选纲领中提出的"提高哈萨克斯坦人福利和生活水平"的承诺,成为"哈萨克斯坦人民利益的主要维护者"。祖国之光党还要加强立法工作,在社会上建立接待站,接受公民的投诉。纳扎尔巴耶夫要求祖国之光党不仅成为实现现代化的创意者,还要成为解决任务的火车头。祖国之光党同时设有自己的青年组织,加强对青年的爱国主义教育,从大学毕业生中提拔人才,充实到高级领导岗位,同时注意对地方干部的培养,建立完整的干部培养体系,并将表现好的干部提拔到国家岗位上。纳扎尔巴耶夫称,祖国之光党是哈政治体系中的中坚力量,担负哈萨克斯坦命运的全部责任。笔者在阅读纳扎尔巴耶夫讲话后的第一个印象就是,祖国之光党作为执政党,所关心的是国家的命运。这篇讲话也告诉我们,哈萨克斯坦虽然已经实行多党制,但由于其他政党的作用有限,国家仍能按祖国之光党,更确切地说,是按纳扎尔巴耶夫的思想开展工作。

在苏联基础上成立的新独立国家中,尽管已经不存在由共产党执政的国家,但有些国家的领导人包括主要领导人仍是前共产党人,甚至是苏联时期的高官,例如哈萨克斯坦总统纳扎尔巴耶夫等,他们对苏联时期管理方面的弊病有深刻的认识,但在苏联时期形成的通过政党管理国家的方法仍为他们所借鉴,在其言行中仍可表现出来。

(三)社会发展不平衡,致使一些人仍怀念苏联

独立后,哈萨克斯坦的快速发展是有目共睹的,国家在各方面都取得了很大的进步。但像所有转轨国家一

样,在其发展中也存在很多问题,其中以社会方面存在的问题最多,而人们通常将这些问题与苏联时期比较,也最容易让一些无法适应新制度的人群或社会弱势群体感到不满。

首先是失业问题。由于独立初期很多企业处于瘫痪和半瘫痪状态,几乎没有新建企业,在国家逐渐转向市场经济的情况下,一些企业大量裁减不必要的员工,这就导致各方面吸收就业人员的数量有限。在国家转型的情况下,原有的教育体系培养的人才又不能适应新岗位的需要,由此又产生有工作无人能做,很多人又找不到工作的结构性失业现象。失业问题一直在困扰该国。哈萨克斯坦官方公布的登记失业率如下:1998 年为 3.7%;1999 年为 3.9%;2000 年为 3.7%。而实际失业人数则比官方公布的多得多:1998 年为 92.5 万人,失业率为 13.1%;1999年为 95.25 万人,失业率为 13.5%;2000 年为 90.94 万人,失业率为 12.9%;2001 年为 78.03 万人,失业率为 10.4%。由于工作岗位少,就业很困难。1997 年到职业介绍所求职的有 25.75 万人,用人单位需求仅 8800 人;1998 年,求职者 25.19 万人,需求为 8800 人;1999 年求职者 25.14 万人,需求 7000 人;2000 年求职者 23.14 万人,需求 9300 人。哈萨克斯坦学者说,1999 年全国平均一个工作岗位有 36 个失业者竞聘,在农村地区有 285 个人竞聘。失业者多为低学历的年轻人、农村进城务工人员和妇女。进入 21 世纪后,哈萨克斯坦经济形势好转,国家开始进行大规模建设,建筑业火起来。能大量吸纳劳动力的服务业逐渐增多,私营企业也如雨后春笋般产生,就业形势明显好转。纳扎尔巴耶夫总统在 2012 年 12 月的国情咨文中称,1997~2012 年的 15 年中,哈萨克斯坦的失业率下降了 50%。这是一个很大的成就。该国 2011 年的登记失业率为 5.4%,近两年又略有下降,保持在 5.1% 左右。

苏联时期,由于各项事务按计划进行,工作安排由国家负责,因此声称"无失业"。例如,官方公布,1991 年哈萨克斯坦的失业率为 0.05%,约 0.4 万人。当然,这是指显性失业。事实上该国还存在大量"隐性失业"人员,但表面上是人人有工作。独立前后在就业问题上形成的反差为一些不满当局政策的人提供了口实,也为反当局的势力提供了社会基础。

贫困问题是在包括哈萨克斯坦在内的许多新独立国

家普遍存在的问题。贫困问题在哈萨克斯坦独立最初十年较为明显,特别是与苏联时期比较更为突出。该国1987~1988年生活在贫困线以下的人口占5%;1993~1994年则增长到50%。这与独立初期国家经济困难有很大的关系。构成贫困阶层主体的是失业者、养老金领取者、残疾人、多子女家庭、青年学生。因此,上述人群属于"弱势群体",成为社会保障的主要对象。进入21世纪后,哈萨克斯坦经济形势好转,人民生活水平明显提高,贫困问题在很大程度上得到解决。2005~2009年贫困人口减少了19.5%,2011年贫困人口已经降到全国人口总数的11%,哈萨克斯坦成为中亚国家中解决贫困问题最好的国家之一。从全世界情况来看,哈萨克斯坦的贫困属于相对贫困。该国国民并没有温饱问题,当前国家的主要任务是缩小贫困人口的规模和提高全民的生活质量。根据美国《全球金融杂志》2016年公布的世界184个国家的富裕程度排名,哈萨克斯坦居第50位,高于俄罗斯和中国,由此可见一斑。

与贫困问题相关的是两极分化问题,这是国家政策变化的结果,也是人们对变化了的环境适应能力不同的结果。哈萨克斯坦的两极分化表现在居民收入的两极分化。哈萨克斯坦学者说,2000 年该国收入在前 10% 的人群与收入在后 10% 的人群的收入比为 11.9:1。在该国出现了"最富阶层"和"贫困阶层"。哈当局采取为职工加薪和对弱势群体加强社会保障的举措,尽管居民收入增加和人民生活有所改善,但对解决收入分配差距问题作用不大。这个问题在短期内难以解决。

犯罪问题较独立前严重,特别是以谋取钱财为目标的大案要案和团伙犯罪增加。走私、吸毒贩毒问题日趋猖獗。据哈缉毒部门 2007 年统计,近 16 年来,哈国内吸毒人员的数目增长了 6 倍,因吸毒致病的人数猛增了 10 倍,年轻"瘾君子"的人数已高达 5.5 万,其中 60% 是 30 岁以下的年轻人。目前哈萨克斯坦已成为非法贩毒分子走私毒品的一个主要过境通道。2012 年仅在该国一次大规模缉毒行动中就查获 20 吨毒品,发现 1307 起毒品犯罪活动,其中包括 53 起贩卖大宗毒品活动和 29 起毒品走私活动,同时破获 5 个有组织犯罪团伙。犯罪形势恶化不仅对国内稳定构成重大威胁,毒化社会,而且影响经济发展。

社会问题的增多是多种原因造成的。与苏联时期相比,有些社会问题确实增多了,并引起了民众的不满,也助长了一些人,特别是中老年人对苏联社会主义的怀念。无论如何,社会现实的变化和人们对社会变化的认知程度和心理承受程度的不同,会影响到民众对国家变化的判断,社会问题增多无疑会被一些党派用来作为反对当局的理由。有的政党还提出恢复苏联时期的社会政策,借此争取民众的支持,反映了一些民众仍对苏联时期的社会政策怀有好感。

(四)苏联社会主义的痕迹犹在

在今日的哈萨克斯坦,苏联的遗产并没有完全消失。在阿拉木图市苏联时期命名的契卡洛夫公园每天都有大量游人前往,尽管不是每个游人都清楚了解契卡洛夫的事迹,但都知道这是一位为保卫苏维埃国家而战的英雄。每年5月9日,哈萨克斯坦都要举行盛大的阅兵式,纪念当年战胜德国法西斯、保卫社会主义苏联的伟大壮举。在哈萨克斯坦还有一个州以著名吟唱诗人江布尔的名字命名。江布尔是一位出生在的哈萨克斯坦贫穷牧民家庭的民间艺术家,他在冬不拉的伴奏下说唱各种史诗、传说和故事,特别是他创作的长诗《我的生活》展现了哈萨克斯坦人民在沙俄和苏联时期新旧两个时代的不同生活,被誉为哈叙事诗发展史上的一座里程碑。1939年苏联政府将哈萨克斯坦南部一个州以他的名字命名,以表彰他的卓越贡献,至今该州仍叫江布尔州。至今,每当说到江布尔州,总会将它与苏联联系起来。在学校教科书谈到哈萨克斯坦在苏联70多年的历史时,不是仅仅批评苏联政府的错误,而是对苏联时期哈萨克斯坦的发展,特别是工业建设、教育、文化、科学事业取得的成就都给予了肯定。因为这毕竟是哈萨克斯坦人民辛勤劳动和工作的结晶,是无法涂改的历史。哈萨克斯坦今日具有的较高的科技、教育和文化水平不是凭空而来的,是在继承和发展苏联时期成就基础上取得的。

除文化、教育和科技外,在政治和经济生活中也不乏苏联时期的痕迹。上面介绍的祖国之光党的工作方式多少使人想到前哈共的工作方式。看看今日哈萨克斯坦军人的雄姿,很难不让人联想到苏联时期军人的动作。的确,哈萨克斯坦的军队就是在原苏军驻哈部队基础上改编的,其中的高级军官大部分毕业于苏联时期的军官学校。

在经济方面,该国已经走上了市场经济道路,但是,很多大型国有企业的领导人还是由政府任命的,其生产计划的制订和执行仍有政府监管。该国大量引进外资或与外国开展经济合作,其大量贷款是通过国家操作的,在2008年世界爆发经济危机并连累哈萨克斯坦时,还是国家出资挽救了几家流动性困难的银行。

这里所说的社会主义因素仍然存在,是指苏联社会主义的痕迹仍然存在。鉴于哈萨克斯坦当局已经表明不实行社会主义制度,那么,应该如何评价今日哈萨克斯坦的社会制度,它与昔日苏联社会主义和科学社会主义有哪些不同,还有待用马克思主义观点进行深入的研究,以得出符合实际的结论。

五 社会主义在哈萨克斯坦兴衰的启示

(一)不改革或改革方向错误都会葬送社会主义成果

社会主义制度在哈萨克斯坦的丧失是与苏联剧变一道发生的。众所周知,苏联剧变是在戈尔巴乔夫执政时期发生的,戈尔巴乔夫于 1985 年上台,1991 年苏联解体,苏联社会主义也随之葬送。当时的哈萨克斯坦是苏联的一部分,苏联的剧变也带来哈萨克斯坦的剧变。当戈尔巴乔夫宣布退出苏共并解散苏共后不久,纳扎尔巴耶夫也宣布退出哈共,并对社会主义失去兴趣。

戈尔巴乔夫执政期间的所谓"改革"措施,都是对在苏联推行 70 年的社会主义的无情鞭挞,在国内实行多党制,最后又宣布取消苏联共产党的领导,结果导致苏共亡党,苏联解体,社会主义制度不复存在。戈尔巴乔夫的前任勃列日涅夫是个因循守旧、反对改革的人,对苏联发展停滞负有责任。戈尔巴乔夫的问题不在于他不改革,而是改革方向的错误,否定马列主义在苏联的实践,将苏联 70 年走过的社会主义道路说成一片黑暗,这等于自掘祖坟。不改革和改革方向错误都会葬送社会主义成果,苏联 70 年从兴到衰的变化和苏共亡党的惨痛经历已经不容辩驳地写入了世界社会主义发展史。

作为苏联加盟共和国的哈萨克斯坦以及作为苏共一部分的哈共,长期以来的行动是紧跟苏联政府和苏共的。戈尔巴乔夫推行的一套改革措施,哈萨克斯坦党和政府基本上是执行的,结果是政治混乱和经济下滑,作为民族地区哈萨克斯坦同样有民族主义问题。纳扎尔巴耶夫在 1989 年成为哈共第一书记,并成为苏共中央政治局委员,其基本表态是跟随苏共中央脚步,作为共和国的主要负责人,纳扎尔巴耶夫也要对本共和国改革出现的问题承担一定的责任。1990 年 10 月 25 日哈萨克斯坦通过了《国家主权宣言》。1991 年 8 月苏共解散后,同年 12 月 10 日,哈萨克斯坦将国名由哈萨克苏维埃社会主义共和国改为哈萨克斯坦共和国,去掉了"苏维埃社会主义"的称谓,苏联社会主义在该国从这时起消失了,12 月 16 日哈萨克斯坦正式宣布独立。

哈萨克斯坦的政治和经济改革是在苏共的方针路线指导下进行的,改革过程中也出现了共和国政治混乱和经济严重下滑的问题,但不同的是,苏共错误路线为共和国独立提供了契机。因此,在哈萨克斯坦,从领导人到学术界,也包括一些民众,对戈尔巴乔夫的谴责和负面评价远没有在俄罗斯那样激烈。

(二)共产党最高领导层必须是真正马列主义者

在共产党内领导人的作用十分重要。如果共产党主要领导人的指导思想发生变化,不再信仰马列主义,就像戈尔巴乔夫那样一心想把苏联引向西方轨道,那么苏联的社会主义制度走向灭亡,也就不足为怪了。

苏共最高领导人的蜕变导致苏联解体和苏共亡党,也造成加盟共和国共产党的变化,同时为各加盟共和国的独立提供了历史机遇。在当时的历史条件下,哈共和执政的各加盟共和国共产党中央一样并没有起来反对苏共的解散,分析其原因,一是作为下级组织无法左右中央的决定,二是各加盟共和国已经处在各自为政的状态,其党中央领导人已经预感到国家独立的时刻即将到来,不会为罩在他们头上的莫斯科大员的错误决定埋单,通过与苏共决裂的方式阻止共和国共产党跟随莫斯科犯下错误,则是最好的选择。由此可以看出,哈共领导人和苏共领导人一样，已经丧失了对马列主义和社会主义的信仰，追求的是个人或集团的利益。苏共领导人对苏联社会主义制度的丧失负有责任，哈共领导人对本国制度改变也负有责任。纳扎尔巴耶夫是一位杰出的政治家，但不是始终如一的马列主义者。在苏联后期他已经对苏联的一些做法感到不满，但仍会遵照莫斯科的旨意办事，仍得到莫斯科的信任，官位步步高升。哈萨克斯坦独立后，他作为国家主要领导人，信仰发生了变化，务实主义成为他的信条。科学社会主义是马克思主义的重要组成部分，走社会主义道路的政党必须要由对马克思主义坚信不疑的人领导。哈萨克斯坦走独立自主的道路，但不是社会主义国家，这与该国领导人的主张和表现分不开。

(三)不可忽视党的基层组织建设

苏共是拥有近 1900 万党员的大党，哈共的党员数量也有几十万之众。苏共瞬间就垮台了，原因很多，苏共党内鱼龙混杂和基层党组织涣散也是其中之一。

从某种意义上讲，哈共对苏共来说也是"基层"，是苏共在加盟共和国的分支。哈共面临的问题与苏共基本相似。在戈尔巴乔夫执政后期，在政治和舆论多元化的背景下，哈共内部自由主义盛行，已经有很多哈共党员退党，一些人还组建了与哈共对抗的政党和组织。哈共的宣传教育工作和苏共一样流于形式，呈现教条主义、形式主义的特点，文章和报告长篇大论，却不解决实际问题。基层党组织对中央的决定持应付的态度，真正相信哈共中央的人，特别是坚信马克思主义的人已经不多。这就导致对纳扎尔巴耶夫建议哈共解散持反对立场的人较少。以哈共为基础组建的哈萨克斯坦社会党，由于领导人各怀私利，只存在几年就消失了，这也为原哈共的状况提供了佐证。缺乏民意基础和得不到民众强有力支持的政党垮台是迟早的事。习近平总书记强调党的系统建设，事关党的执政基础。他要求每个基层党组织都要成为战斗堡垒。他形象地说"基础不牢，地动山摇"，道出了基层党组织建设的重要性。① 除上述问题外，针对哈萨克斯坦还多了一个民族因素。哈共第一书记不要哈共而只

---

① 参见《习近平为何强调党的基层组织建设》，人民网，2011 年 1 月 25 日。

当国家总统,可见哈共已经没有控制国家的能力,很多人对其是否存在并不在意。在哈萨克斯坦,长期以来社会主义是与哈共同命运的,社会主义作为国家制度的存在是以共产党执政为前提条件和标志的。当共产党丧失了执政地位,社会主义自然也就不存在了。哈萨克斯坦发生的事情也和苏联一样,说明坚持共产党的领导就是坚持社会主义道路,不要共产党的领导也就等于不要社会主义。

(四) 共产党必须顺应时代潮流,关注民生,才能受到民众的拥护

苏共后期为什么逐渐失去了绝大多数民众的支持,执政变得很困难? 原哈共为什么在苏共宣布解散后对本党前景缺乏信心,随即更名? 新哈共为什么在民众中的支持率不高,想重新执政步履艰难? 这与这些政党忽视民众利益,政治主张与民众的愿望和诉求存在很大的差异有关。

苏共长期推行的计划经济体制导致苏联经济始终处于较低水平,很多食品和日用品要靠进口,并经常供应不足。经济形势好时还能满足需要,不好时很多东西就买不到了。1990年笔者在苏联做学术访问,在那里待了两个月,看到很多东西都供应紧张,有点好的东西很快就会被抢光。20世纪六七十年代,苏联的情况好了一些,人民生活有所改善,但改善也很缓慢,与官方公布的经济增长速度相比差距很大。戈尔巴乔夫执政后,国内经济出现了严重衰退,人民生活已经不是改善,而是急剧下降。然而,苏联大量的资金却用于军备,与美国争霸,在阿富汗打仗,很难不招致民众不满。

哈萨克斯坦也存在同样的情况,相比之下,问题更为严重。该共和国很多产品,如肉、奶等都要根据中央的计划调往其他地区,日用品供应也由中央调配,其市场供应情况还不如莫斯科。共和国领导能看到市场供应不足、商品严重短缺,但体会不深,因为他们的所需都有特殊供应渠道保证。民众对此敢怒不敢言。如果说俄罗斯民众可以寻找机会对苏共发泄不满情绪,那么,哈萨克斯坦民众自然要将不满发泄到在本共和国执政的哈共身上。这就是为什么在苏共垮台后,哈共随之更名,以摆脱因跟随苏共所犯错误带来的负面影响。在已经实行多党制和普遍选举制的情况下,民众可以也能够对众多政党进行选择,挑选那些能为自己谋福祉的政党和人士执政,这对政党能否存在和赢得政权是个重大考验。

独立后新组建的哈共宣布将原苏联时期苏共长期推行的某些做法,如坚持生产资料国有化、反对市场经济等继续写进党的纲领,对国家如何摆脱独立后经济遇到的具体困难提不出好的解决办法,只是对执政者一味指责。新哈共反对政治体制改革,要求继续推行苏联时期长期执行的苏维埃制度,即将一切权力归苏维埃,等等。这些提法都与哈萨克斯坦独立后所面临的现实脱节,不能实事求是地看待本国的形势,更难以满足民众的诉求和期盼。哈萨克斯坦独立初期,国内政治和经济都处于混乱状态,必须寻找出路,这已经不是理论问题,而是国家存亡和民众生计问题。各政党都要考虑如何使国家摆脱困境,救民众于水火。哈萨克斯坦当局认识到,欲实行市场经济体制,生产资料完全国有是办不到的。而在当时的情况下,采取私有化政策也是形势逼迫出来的,国家没有钱,民众要工作、要生活,私有化是解决困境的最好出路,否则国家就要破产,出现更大的灾难。这就是为什么当民众看到将国有企业交由外国公司经营后能够运转起来,员工有工作可做,工资能够发放,市场短缺问题很快得到解决时,对哈当局采取的政策,由最初的不理解,转变为接受了这些改革政策。相比之下,哈共却不能实事求是地看问题,仍坚持独立前哈共的立场,不是与时俱进,而是思想僵化,固守教条,自然不能得到绝大多数人的拥护。

顺应时代发展潮流,关注民生,不断提高人民福祉,这是一个政党生存立命的必要条件,只有得到民众支持的政党才能够长期生存下去。苏共和新老哈共则没有做到这一点,这是他们不受民众欢迎的重要原因之一。

(五)社会主义因素存在,但走什么道路还要由人民选择

上述谈到在哈萨克斯坦仍有社会主义因素存在,其实不仅是在哈萨克斯坦,在其他独联体国家中也是如此。不过有社会主义因素存在并不等于这些国家就能走社会主义道路,因为究竟走什么道路,还要由本国民众来选择。今天是 21 世纪,世界形势与第二次世界大战结束后的最初一二十年已经有很大的不同。一个国家走什么道路,实行何种政治经济体制,不是靠外力就能搞定的。近

十多年,美国在世界许多地方搞"颜色革命",企图用外力改变这些国家的政权性质,走西方为其设定的道路,其结果都不好,有的国家至今仍在进行内战。这种情况说明一个道理,即世界近 200 个国家各有各的国情,民族传统、文化、宗教都不尽相同。想用一个模式改造世界是不能成功的。同样,在一个国家内实行什么样的政治经济体制,走什么道路,还是要由本国人民来选择。哈萨克斯坦独立近 25 年,人民从自身经历,经过比较和筛选,选择了纳扎尔巴耶夫作为国家总统,以纳扎尔巴耶夫为主席的祖国之光党为执政党,也有其道理。因为这个党虽然不是以马列主义为指导、以共产主义为奋斗目标的政党,但它的纲领适合当今哈萨克斯坦的实际,而且这些年哈萨克斯坦的变化和取得的经济建设成就是与纳扎尔巴耶夫总统的领导分不开的。中国是由中国共产党领导的社会主义国家,将实事求是作为党的思想路线,不迷信教条,勇于创新,在观察世界时不仅看一个国家或政党说什么,而更看它做什么和怎样做。世界上信仰马列主义和走社会主义的国家有几个,政党则更多,但真正领会马列主义精髓和走科学社会主义道路的国家与政党并不多。

在哈萨克斯坦声称自己是信仰马列主义的政党前后也有几个,但目前还不为多数民众所接受,因为人们看到的是这些政党的纲领不完全符合本国的实际,其领导人并非为信仰努力工作,不少人是在为自己、为小集团谋私利,一旦意见不合就置党的利益和人民的利益于不顾,搞派性,闹分裂。这样的党很难有大的作为。中国共产党人以马克思主义作为自己的指导思想,认为世界的未来属于社会主义和共产主义,也希望各国共产党人能在自己的国家为实现这些目标而奋斗,但中国共产党人不会干涉别的国家的内政,也不会将党派的利益置于国家的利益之上。任何国家的制度选择和道路选择都要由本国人民来决定。中国对待哈萨克斯坦的政策也是一样。

(六)中哈友好关系不会因社会制度不同发生改变

毋庸讳言,中国与哈萨克斯坦是社会制度不同的国家。但是,无论是中国,还是哈萨克斯坦,都没有因为社会制度和意识形态不同而影响彼此的关系发展。在中国的14个陆上邻国中,哈萨克斯坦是与中国最为友好的国家之一。

苏联解体后不久,1991年12月27日,中国承认了哈萨克斯坦的独立,1992年1月3日,中哈两国建立大使级外交关系。中国是世界上最早承认哈萨克斯坦独立并与其建立外交关系的国家之一。此后中哈两国友好关系不断升温。目前两国已经是全面战略合作伙伴关系,宣示"世代友好,永不为敌"。两国在重大国际和地区事务上有相同或相近的观点,能够相互理解和支持。仅从这一点来看,中哈两国关系已经跨越了社会制度和意识形态的界限。在经济方面,两国经济互补性很强,遵循平等互利、合作共赢的精神,使两国贸易额不断提升。"丝绸之路经济带"进一步推动了两国经济合作的发展。目前哈萨克斯坦已经成为"丝绸之路经济带"上最重要的节点国家,该国提出的"光明大道——新经济政策"与中国提出的"丝绸之路经济带"开始对接,仅2015年双方就签订了金额高达240亿美元的合作大单,为"丝绸之路经济带"战略的实施树立了榜样。在人文合作方面,两国有关机构和民间往来日益增多,仅在华的哈萨克斯坦留学生就有1.2万人。对于中哈两国友好关系,两国领导人给予了极高的评价。2013年9月纳扎尔巴耶夫总统在与中国国家主席习近平会谈时说:"哈中高度信任、相互支持、真诚合作。哈中关系是睦邻友好的例证。哈萨克斯坦人民视中国的发展繁荣为自身的发展繁荣,衷心祝愿中华民族伟大复兴的奋斗目标成功实现。不管形势如何变化,哈萨克斯坦永远是中国的好邻居、好朋友、好伙伴,愿同中国携手并进。"[1]习近平主席当时也表示:"中哈全面战略伙伴关系是睦邻友好、互利合作的典范。中方乐见一个稳定、强大、繁荣的哈萨克斯坦,坚定支持哈萨克斯坦走符合本国国情的发展道路,支持哈方维护国家主权独立、促进经济社会发展,支持哈方在国际和地区事务中发挥建设性作用。发展对哈友好合作是中国外交优先方向。中方愿同哈方携手努力,推动中哈关系向更高目标迈进,取得丰硕成果,更好地服务于两国发展振兴事业,并为本地区和平与繁荣作出更大贡献。"[2]

　　中哈两国友好关系迅速发展是多种因素决定的。第一,两国为邻国,有长达 1700 多公里的边界线。第二,哈

---

　　① 《人民日报》2013 年 9 月 8 日。
　　② 《人民日报》2013 年 9 月 8 日。

萨克斯坦缺乏出海口,中国为它走向亚太地区提供了通道。亚欧第二大陆桥修通后,为发展双边关系提供了有利条件。第三,两国经济存在很强互补性,通过互通有无,互利合作,可以取得互利共赢、共同发展的效果。第四,两国有大量跨境民族存在,语言、文化、风俗习惯相同或相近有利于发展彼此的关系。第五,中哈两国领导和人民有发展彼此关系的强烈要求和愿望,并制定了相关的政策。第六,中国摒弃了在国家关系方面以意识形态画线的实践,而是以国家利益为重,以人民利益为重。实践证明,这些政策符合实际,执行结果很好,增强了深化友好合作的信心。相信今后中哈两国友好关系会进一步发展。

居安思危·世界社会主义小丛书
（已出书目）

编号	作者	书　名	审稿人
1	李慎明	忧患百姓忧患党 ——毛泽东关于党不变质思想探寻	侯惠勤
2	陈之骅	俄国十月社会主义革命	王正泉
3	毛相麟	古巴：本土的可行的社会主义	徐世澄
4	徐世澄	当代拉丁美洲的社会主义思潮与实践	毛相麟
5	姜　辉 于海青	西方世界中的社会主义思潮	徐崇温
6	何秉孟 李　千	新自由主义评析	王立强
7	周新城	民主社会主义评析	陈之骅
8	梁　柱	历史虚无主义评析	张树华
9	汪亭友	"普世价值"评析	周新城
10	王正泉	戈尔巴乔夫与"人道的民主的社会主义"	陈之骅

编号	作者	书 名	审稿人
11	王伟光	马克思主义与社会主义的历史命运	侯惠勤
12	李慎明	居安思危：苏共亡党的历史教训	课题组
13	李 捷	毛泽东对新中国的历史贡献	陈之骅
14	靳辉明 李瑞琴	《共产党宣言》与世界社会主义	陈之骅
15	李崇富	毛泽东与马克思主义中国化	樊建新
16	罗文东	中国特色社会主义理论与实践	姜 辉
17	吴恩远	苏联历史几个争论焦点真相	张树华
18	张树华 单 超	俄罗斯的私有化	周新城
19	谷源洋	越南社会主义定向革新	张加祥
20	朱继东	查韦斯的"21世纪社会主义"	徐世澄
21	卫建林	全球化与共产党	姜 辉
22	徐崇温	怎样认识民主社会主义	陈之骅
23	王伟光	谈谈民主、国家、阶级和专政	姜 辉

编号	作者	书　名	审稿人
24	刘国光	中国经济体制改革的方向问题	樊建新
25	有林 等	抽象的人性论剖析	李崇富
26	侯惠勤	中国道路和中国模式	李崇富
27	周新城	社会主义在探索中不断前进	陈之骅
28	顾玉兰	列宁帝国主义论及其当代价值	姜　辉
29	刘淑春	俄罗斯联邦共产党二十年	陈之骅
30	柴尚金	老挝:在革新中腾飞	陈定辉
31	迟方旭	建国后毛泽东对中国法治建设的创造性贡献	樊建新
32	李艳艳	西方文明东进战略与中国应对	于　沛
33	王伟光	纵论意识形态问题	姜　辉
34	朱佳木	中国特色社会主义纵横谈	朱峻峰
35	姜　辉	21世纪世界社会主义的新特点	陈之骅
36	樊建新	我国社会主义初级阶段的基本经济制度	周新城

图书在版编目（CIP）数据

社会主义在哈萨克斯坦的兴衰／赵常庆著. -- 北京：
社会科学文献出版社，2016.10
　（居安思危·世界社会主义小丛书）
　ISBN 978 - 7 - 5097 - 9722 - 8

　Ⅰ.①社… Ⅱ.①赵… Ⅲ.①社会主义 - 研究 - 哈萨
克斯坦 Ⅳ.①D736.1

　中国版本图书馆 CIP 数据核字（2016）第 223113 号

居安思危·世界社会主义小丛书
社会主义在哈萨克斯坦的兴衰

著　　者／赵常庆

出 版 人／谢寿光
项目统筹／祝得彬
责任编辑／杨　慧

出　　版／社会科学文献出版社·马克思主义编辑部（010）59367004
　　　　　地址：北京市北三环中路甲 29 号院华龙大厦　邮编：100029
　　　　　网址：www.ssap.com.cn
发　　行／市场营销中心（010）59367081　59367018
印　　装／北京季蜂印刷有限公司

规　　格／开本：787mm × 1092mm　1/32
　　　　　印张：3.375　字数：47 千字
版　　次／2016 年 10 月第 1 版　2016 年 10 月第 1 次印刷
书　　号／ISBN 978 - 7 - 5097 - 9722 - 8
定　　价／10.00 元